张伯驹词传

张恩岭 著

河南人民出版社

图书在版编目(CIP)数据

张伯驹词传/张恩岭著. —郑州:河南人民出版社,2018. 2(2021. 8 重印)
ISBN 978-7-215-11353-4

Ⅰ. ①张… Ⅱ. ①张… Ⅲ. ①张伯驹(1898-1982)-传记 Ⅳ. ①K825.4

中国版本图书馆 CIP 数据核字(2018)第 006528 号

河南人民出版社出版发行
(地址:郑州市郑东新区祥盛街 27 号 邮政编码:450016 电话:65788053)
新华书店经销　　河南新华印刷集团有限公司印刷
开本　710 毫米×1000 毫米　1/16　印张 16
字数　189 千字
2018 年 2 月第 1 版　　2021 年 8 月第 2 次印刷

定价:40.00 元

张伯驹

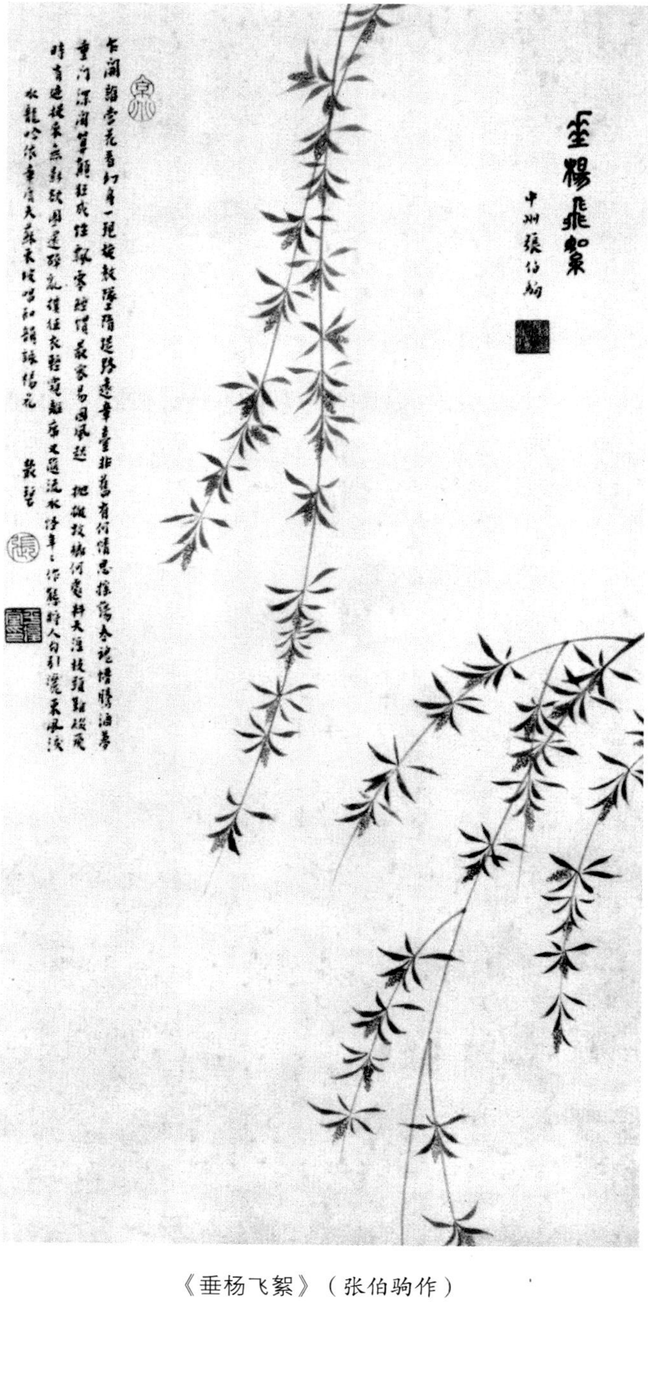

《垂杨飞絮》（张伯驹作）

自　序

何谓词传？我的理解就是以人传词，以词传人，词史互证。既是词传性质的史传，也是史传性质的词传，一方面在对词人一生重要经历的叙述中，让我们理解词人何以会有这样的词；反过来，在对词作的研读和欣赏中，又作深入理解词人填作此词时的经历和心境。也就是说，通过对词作的深入解读，展示词人一生的思想经历与创作历程。

那么，这本书与《张伯驹传》是否重复呢？我以为有重合处，但不重复。

传记是记载人的经历、遭遇、思想发展变化的，简言之就是叙述其命运和性格。这是人物传记的全面性和概括性。《张伯驹传》就是综合叙述张伯驹一生遭遇及其人品和文化贡献的，从而有助于人们对这一时期社会和历史的深入理解。

文学是描述人的内心世界的，也可谓为艺术。《张伯驹词传》的侧重点就是理解、欣赏、领悟张伯驹词作历程及其词作之美的方方面面，当然，也要通过这些词作来探讨其背后的人与事、情与景，词人一生的经历，也就是知其然，更知其所以然。

德国著名哲人歌德说过，诗人呈献给读者的诗篇，好比摘下来放置在盘子里的苹果。

苹果生长的过程呢？你是看不到的。《张伯驹词传》的宗旨就是试图把词人的“苹果”还原树上，使文学与史事复归，让词人的“苹果”重现开花结实的过程。

我写作《张伯驹词传》的一大动因，在于还原张伯驹的词人面貌和词人人生。

我深感张伯驹实质上就是一位词人。或者说，他首先是一位杰出的词人，然后才是贡献巨大的文物收藏家和戏剧家、书画家。张伯驹的本色就是一位词人，他是视诗词为其生命、灵魂的，他是为词而生、为词而活的。张伯驹一生最为看重的，也是他的词作。如果没有词，他当然还是一个伟大的文物捐献者，但在他的生命里，肯定没有了那么深婉、凄美、纯洁的诗心，没有了那么动人心弦、给人以美感愉悦的词情，他生命的亮色也就少了那永恒的光芒。

著名学者、诗人寓真先生也在《“天地与心同一白”——浅谈张伯驹词的境界》一文中说：“许多评介文章都说，张伯驹第一是艺术鉴赏家，第二诗词家。笔者则以为，张伯驹的文化贡献，第一是词学，第二才是文物鉴赏……存世的张伯驹著述中，最有价值的部分，还是他的诗词，尤其是词。”真乃卓见。

这本书的目的，就是想帮助读者加深对张伯驹的理解，并用他那洋溢着纯美人性和真情的词作，来陶冶我们的心灵，也用他那永恒的词作来为中华词坛增色。

本书得以完成，首先要感谢那些我曾经接触、请教过的诸多张伯驹的好友，如冯其庸、周汝昌、王世襄、张牧石、楼宇栋、欧阳中石、周笃文、袁行霈等先生，他们的深情述说和谆谆教诲，都加深了我对张伯驹词人一生的理解。

还要感谢寓真、任凤霞、林佳蓉、谢燕、秦燕春、金春媛、姚平等大家、学者，是他们对张伯驹的身世钩沉、传记写作及对张伯驹词作词话的品评，给我以诸多启发，使我获益匪浅。

在本书体例上，仍采用编年体和纪事本末体相结合的方式，尽量把张伯驹人生和词作的演变历程展示给读者。书中章节标题主要采用张伯驹文章和诗词中词句，以彰显张伯驹对其时人生状况和词之情境的形容；章下标注起止的概略年份，节下副题略示本节内容梗概。此例当否，诚盼读者雅正。

由于这本书写作匆促，加之笔者才疏学浅，粗疏甚或舛误之处在所难免，还请大家不吝赐教。

张伯驹诗词研究是一项宏大的工程，就让我这本小书成为引玉之砖吧，我相信，这一宏伟的殿堂一定会矗立在中国诗词发展史上！

张恩岭

2018年1月

目　录

卷首语

才气无双折挫多
平生起落动山河
国士高风倾万世
天荒地老一真人

这是著名学者、红学家冯其庸先生词作《浣溪沙》三首中的几句，已足以显示出冯先生对张伯驹的评价是多么崇高和动人心魄。

不错，张伯驹是一个在民国时期和新中国成立以后都有着特殊社会身份与广泛社会影响的著名文化人。他的人格、他的思想、他的艺术成就越来越焕发出耀眼的光芒。

张伯驹的艺术成就是多方面的，主要是诗词创作、文物鉴赏与收藏、戏剧活动与书法绘画。但从20世纪80年代以来，人们提起张伯驹，津津乐道的大都还是他的人生传奇、文坛轶事、捐献佳话，认为他一生中最大的贡献和成就，就是历尽磨难护国宝，稀世奇珍献国家。而对于他一生词作的艺术成就及其在中国近现代词坛上的价值和地位，能够深刻理解并能欣赏、研究的人，恐怕就不太普遍了，更莫说通过其一生的词作了解他的一生经历与遭遇。

其实，张伯驹的一生本质上就是一个词人，可以说词作已成了张伯驹生活和生命中不可或缺的重要部分。如果离开了文物收藏，张伯驹仍不愧为一个文化大家和艺术天才。而如果离开了词作，张伯驹文化大家的形象可能就要打些折扣了。

施议对先生在《当代词综·前言》中把中国近现代百年词史大致分为三代，并认为“第二代作者是中坚力量”，“伯驹是不可多得的一位专业词人”。

马大勇先生在《梦边寻梦更何人：张伯驹与现当代词坛》一文中说：“张伯驹是近百年词坛的一大作手。他以传奇的身世、富艳的才华、高贵的人格，稳执京华词界之牛耳，功勋至伟。”

周汝昌先生更是对张伯驹词作有一著名的评价：“如以词人之词而论（有别于诗人之词、文人之词、学人之词、杂流之词），则中国词史当以李后主为首，而以先生为殿——在他之后，恐怕不易再产生这种真正的词人之词了。”

那么，本书就以词传人，以人传词，以求再现张伯驹诗化人生与人生诗化的生命历程，让我们走近张伯驹。

第一章

“五陵年少”“骏马貂裘”

（1898—1931）

一

“问当年张绪，绿鬓可长留”

——青少年时代

张伯驹出生于清光绪二十四年（1898年）正月二十二日，家居河南省项城市（县）闫楼村，距项城旧县城仅三里之距。

张伯驹谱名家骐，字伯驹，后即以字行。初号冻云楼主，而立后改号丛碧，别署好好先生、展春主人、春游主人、重瞳乡人等。

张伯驹出身贵胄门第、世代书香之家，也有人谓为钟鸣鼎食之家。其生父张锦芳（1872—1942），字絅庵，晚清禀生，民国二年（1913年）任众议院议员、政事堂存记、道尹等职。张锦芳的诗作造诣很高，曾经在天津和许多名人唱和，其中《项城八景》颇为出色，有“珠帘雾卷朝来雨，画栋云飞夕照天”“红雨乱飘岳寺树，绿荫密布野云亭”等句，气势不凡，有诗集《修竹斋引玉咏》传世。这一切都对张伯驹问学诗词产生了影响。张锦芳后来辞职返项城故乡居住。他热心公益，服务乡里，深受众望，可谓更多地承继了其书香家风，言行更接近清流人物。

张伯驹6岁时被出继于张锦芳的兄长张镇芳。张镇芳（1863—1933），字馨庵，号芝圃。1892年考取进士，时年29岁。最初被分

张镇芳

到户部，做六品京官。1901 年被恩赏为四品衔，仍在农曹任职。1901 年，李鸿章去世，袁世凯接任直隶总督兼北洋大臣（从一品），张镇芳开始腾达。一方面主要是因为其忠于职守，思虑缜密，且长于财务综核，业绩显著，另一方面也与张镇芳的一位堂姐嫁给袁世凯的大哥袁世昌有关。然而，张镇芳之所以受到袁世凯的依赖和器重，平心而论，并非全因姻亲之故。袁世凯的重要幕僚张一麟曾云，袁世凯“所用无私人，族戚来求食者，悉以己俸给月廪，不假事权”。1911 年 11 月，清廷任命袁世凯为内阁总理大臣，1912 年 2 月直隶总督陈夔龙因病乞休，以张镇芳署理直隶总督兼北洋大臣。

张镇芳在任长芦盐运使期间，驱逐了俄、法、日等国的侵犯，理顺了天津长芦盐场的体制，拓展了规模。长芦盐场至今仍为我国海盐产量最大的盐场，实为张镇芳当年所奠定的基础。

在任直隶总督期间，张镇芳还同英国谈判，把英国人独霸的开滦煤矿改为中西合办。这个联办合同可谓是近代史上最早的中外合资合同之一。接着，1912 年 3 月，张镇芳调任河南都督兼民政长，又参照开滦煤矿的办法，将英国人独占的卫辉煤矿改制为中英合资。辞去河南总督之职回京之后，张镇芳创办了盐业银行，该行成为我国北方第一家商业银行。这些在中国近代经济发展史上值得大书一笔。

张镇芳不仅是一个官僚，还是一位进士出身的诗人，他曾亲手誊写，整理过自己的诗集《张镇芳诗抄》。他的诗，有些诗句古朴淡雅，潇洒流逸，兼有理致，读起来饶有情趣，如“读史须如牛角挂，留名应似豹皮存”“节近端阳怀屈子，离骚读罢不成眠”“小楼独坐酌清樽，风卷帘栊雨打门”等。他曾与友人结成丽泽诗社，有人评说他的诗“志和音雅”。

在近代史的研究中，张镇芳这个人物一直没有引起学者的重视，只是由于其曾参与张勋复辟，便把他一生当作一个反动政客，对于他的政治作为和人品作了贬低和歪曲。

关于这一点，著名高级法官、学者、诗人寓真先生曾在《张伯驹身世钩沉》一书中说道：“其实张镇芳是一个真正的儒士。纵观他一生行藏，显然深受正心诚意、格物致知的儒家思想熏染，在云翻雨覆的政治舞台上，他一直在寻求着合乎忠信礼仪的道德规范的人生归宿。张伯驹的学习成长，以至成家立业，无不受到张镇芳的深刻影响。伯驹对于张镇芳的一生事业，以及其人格器识和政治态度，都是完全赞成和非常之崇敬的。”

张伯驹出身于官宦之家，但他成年后却看不惯上层社会的卑鄙龌龊，其字之所以取“丛碧”，是否就含有向往清灵、高远，不染凡尘的意思呢？张伯驹还有一个别号“重瞳乡人”。且说这“重瞳乡人”之号与项城的地理、历史有关。张伯驹曾自书一联云：“地属魏吴分两翼，乡因舜羽号重瞳。”“地属魏吴”是指项城西周时称项国，春秋时被鲁国所灭，后属楚国，三国时又属魏地，东魏时改为秣陵，后又改为项城县。项城县政府驻地于1953年迁到项城县水寨镇，项城县城就称为老城。2000年，老城又改称秣陵镇，恢复了历史的旧称。项城县则于1993年撤县设市，称项城市，张伯驹的家乡也可称为项城市秣陵镇闫楼村。

“乡因舜羽”则与两位历史名人有关。舜，一名虞舜，据说舜的眼球上有两个瞳仁；羽是指项羽，也是重瞳子，且项城就是项羽祖上的封地，其姓氏也是因此而来。张伯驹自号“重瞳乡人”的寓意也就很清楚了。由此看来，中华民族真是一个善于命名的民族，大而至于国家，小而至于个人，都必须先行正名，而且往往是赐以嘉名，冠以美号，以祈求多寿多福、喜庆吉祥。

张伯驹出生的项城县，地处河南省东南部，自然条件很差，因地势低洼，颍水、沙河、汾河、泥河均从境内横流而过，注入淮河，因而向称“泽国”。广大贫苦百姓终年过着半饥半饱、缺吃少穿的苦日子。然而，项城又是一个自然风景纯朴秀美的地方，历史上许多文人墨客留下过不少咏唱项城的诗作，并自叹“天然诗趣天然画，欲学维摩愧未工”，可见项城风光之迷人。

张伯驹出生后一直生活在项城故乡，其幼年体弱多病，以致在他三四岁时，家里按照乡下习俗，特意在乡里演戏酬神的时候，让奶妈把他抱到后台，请演员为他勾了一个剧中赵匡胤的“红脸”，以求能够消灾延寿。

张伯驹6岁时按乡下习俗过继给没有子女的伯父张镇芳。时张镇芳正是官运亨通之际，驻于滦州。张伯驹便先到滦州省父，旋又随父张镇芳移居天津。小伯驹生得眉清目秀、聪明伶俐，用浓浓的河南话叫了声爹、娘，张镇芳夫妇顿时眉开眼笑，视伯驹如掌上明珠。

不久，张镇芳就开始考虑儿子的教育问题。当时，科举考试刚刚废除，新式学堂匆匆兴起，张镇芳大量捐资兴办新学，但对自己的儿子，开始仍是沿用旧式家塾教育，为他延师课读。启蒙仍是中国之最传统教育，据张伯驹晚年回忆，始读《三字经》，塾师命其生记死背，其中“窦燕山，有义方，教五子，名俱扬”，当时则不知其义。

塾师看到他聪颖异常，又特意增加了《增广贤文》《朱子治家格言》等书。所以说，张伯驹的文化学养的形成，一个重要因素便是得益于家学，及其家族的文化精神的传续。

较之读书，更令张伯驹兴奋而难忘的，则是与项城迥异的大都市天津所带来的刺激。彼时天津为中国北方崛起之近代城市代表。张伯驹父子移住天津的十年前，天津城市刚刚完成一次较大的改造，海河沿岸修建起马路和老龙头火车站。天津市内经济中心亦环绕老龙头火车站展开，从老龙头火车站到东马路、东南角、金汤大马路、南市一带，形成天津最为繁荣热闹的商业街区。张镇芳天津宅所在的南斜街，位于东马路东侧，正是天津商业街区的中心。童年的张伯驹骤历繁华，顿时大受感染。1972 年，已年逾七十的张伯驹再回天津，还满怀感慨地填写了一首词，怀念少年时代的天津生活：

人月圆

壬子中秋在天津

南斜街里髫龄事，回首梦当年。焚香祝酒，听歌丹桂，看舞天仙。

离乡辞土，一身萍梗，满目烽烟。依然此世，青春不再，明月还圆。

张伯驹一生在项城生活的时间并不长，此后也极少回去，但他对于项城也有着很深的眷恋，晚年还有词忆之：“佳节今年独倚楼，河声岩色望中州。三千门客魏无忌，十五乡亲卢莫愁……”（《鹧鸪天》）

张伯驹读书生活之外，最大的爱好就是看戏。他 7 岁时第一次看京戏是在天津的下天仙茶园。张伯驹在其《红毹纪梦诗注》中，第一首诗就是记述这次看戏的。诗云：

油布遮车驶铁轮，端阳时节雨纷纷。
飞叉大闹金钱豹，凛凛威风欲夺魂。

这首诗是张伯驹77岁时写的，但其诗才是在其9岁时就已经显露的，他童年时记忆力惊人，朝夕诵读，过目不忘。9岁即能作诗。太康县人、曾于清朝光绪年间任过翰林院庶吉士的王新祯，曾在《丽泽社诸家诗》一文中写道："伯驹，絅庵（即张锦芳）之子丽轩之甥也，英年挺出，直欲过前人。若《从军行》、《天上谣》等作，激昂慷慨、魄力沈雄，有倚天拔地之概。虽老于诗者，未必能写，丽轩称其'素有大志，诗文皆豪迈可喜'，信然哉。"可惜张伯驹少年诗作未能保存下来。

张伯驹度过了这样一段自由自在的生活之后，于宣统三年，即1911年辛亥革命这一年，和袁世凯之四、五、六、七子同入新学书院读书。

在新学书院就读期间，张伯驹仍以超群的记忆和才学赢得了老师的赞赏。他除了学习规定的国文、理科等课程外，自己还研读了《楚词》《宋元名家词》《枫香阁》《苏堂诗拾》《清声阁词四种》。他一生酷爱诗词，就是在这时扎下的根基。到20岁时，他更是通读了"二十四史"，能熟背《古文观止》、细说《资治通鉴》了，许多唐诗宋词更是随口吟诵，如行云流水。

张伯驹的《丛碧词》中第一首词《八声甘州·三十自寿》中曾说："玉管珠弦欢罢，春来人自瘦，未减风流。问当年张绪，绿鬓可长留？"就是述说其少年时期的生活和风度的。"玉管珠弦欢罢"，自然是指其家庭生活的锦衣玉食及享受大都市之豪侈华贵的文化生活。至于张绪何人，则是引用了一个典故。张绪，字思曼，南朝齐吴郡人，张裕孙。长于《周易》，言精理奥，见宗一时；为人清简寡欲，忘情荣禄，朝野皆贵其风。“绿鬓”，则指黑发，“绿”谓柳树风流，枝条甚长，状若丝缕，貌如当年张绪。据《南史・张裕传》，武帝曾赏柳咨嗟，曰：“此杨柳风流可爱，似张绪当年时。”张伯驹引用张绪一典，表达了自己对张绪那“清简寡欲，忘情荣禄”的性情和志向的赞赏，以及自比张绪如杨柳“风流可爱”的潇洒风度，表示有意追求风流恬淡的人生，从而表现出青年时代的张伯驹所具有的当时普通人和贵公子们所不具备的那种超脱和飘逸。

二

“忆长安春夜骋豪游”

——军旅生涯

1912 年，也就是民国元年，张镇芳被袁世凯任命为河南都督，张伯驹随父进入河南省城开封陆军小学学习。

1914 年，张镇芳被罢免河南都督之后，又回到北京。

这时，张镇芳开始为渐渐成人的儿子的前途费起了心思。身在政界高层，在乱世之中，张镇芳认为军界就是当时最佳的就业领域，于是便为儿子谋划在军界的发展。恰好这一年，袁世凯建立了一支旨在培养军官的陆军混成模范团，由其长子袁克定亲任团长。模范团的军官入选条件很苛刻，必须从北洋各师和保定军校第一期毕业生中抽调。张伯驹显然不符合条件，但由于其父亲和袁世凯的特殊关系，张伯驹于 1915 年 18 岁时破格考入了混成模范团的骑科。

然而，军营中的骑科训练十分严格，这使出身富贵之家的张伯驹很不适应。那种单调与枯燥不符合他文人的浪漫气质。军号一响，立即起床，晚灯一闭，必须入寝，这可苦坏了张伯驹。他常常是早上不起，晚上不睡，因过惯了读书看戏、东游西逛、无拘无束的闲散生活，所以入骑科以后，他常请假回家。

张镇芳想让儿子尽早参与政事，不仅送他到模范团学习，还利用与袁家的戚谊，寻找让张伯驹与袁世凯接触的机会。1915年春节前，正值张伯驹休假在家，张镇芳便安排儿子到北京去给袁世凯拜年，袁世凯在中南海居仁堂召见了张伯驹。当张伯驹给袁世凯磕头时，袁世凯双手将他扶起，细细端详，看他个头足有一米八，身材颀长，风度翩翩，举止文雅，面孔英俊，不禁高兴地问愿不愿意到府里（总统府）来当差。张伯驹回答说，正在模范团学习呢。袁说，好好学习，毕了业，就到我这里来。张伯驹看着洋洋得意、踌躇满志的表叔大人——当今的大总统如此礼遇自己，心里很是受用。

青年张伯驹

当他回到家时，见袁所赐的礼物已经先行送到了。张伯驹后来承认，18岁的他正是眼睛长在头顶的时候，从来没有服气过谁，但经此一事，英气顿消，似乎彻底被袁笼络住了。在他晚年所著的《续洪宪纪事诗补注》中，有一首诗就是叙述此事的：“拜贺春元纪岁华，皇恩始感浩天涯。褒嘉数语消英气，赐物先人已到家。”但他并不甘心，“难道我就此进入‘牢笼’？”这个念头常常萦绕在他的心头。

张伯驹在受训期间，不仅不适应，还渐生反感。他过早地目睹了官场上的尔虞我诈。这让他感到了肮脏，感到了复杂，对于官场上的趋炎附势、装腔作势更是厌恶。

张伯驹于模范团毕业后，先到陕西督军陆建章部下任职，陆建章是安徽蒙城人，曾任袁世凯警卫军统领，后升任陕西总督。袁世凯死后，陆被部下逐出陕西。张伯驹又到蚌埠倪嗣冲（时任安徽省督军）的安武军全军营务处任提调。后安武军改为陆军，张伯驹又任长江巡阅使署咨议，但实际上只是军中挂个职名，并不曾到职。

这就是张伯驹“宝马金鞭，雕冠剑佩，年少英姿，意气豪横”的青年时代。

张伯驹《丛碧词》的第一首词《八声甘州·三十自寿》就是回忆这一时期军旅生涯的，时年恰好30岁：

八声甘州·三十自寿

几兴亡、无恙旧河山，残棋一枰收。负陌头柳色，秦关百二，悔觅封侯。前事都随逝水，明月怯登楼。甚五陵年少，骏马貂裘。

玉管珠弦欢罢，春来人自瘦，未减风流。问当年张绪，绿鬓可长留？更江南、落花肠断，望连天、烽火遍中州，休惆怅、有华筵在，仗酒销愁。

张伯驹在这首词的上片里，追怀古昔朝代兴亡的历史，抒发了人间沧桑、山河依旧的感慨，检讨了自己骏马貂裘、年华已逝、追逐官场、一事无成、空余遗恨的过去。

“秦关”，语出王昌龄《出塞》：“秦时明月汉时关，万里长征人未还。”“秦关”，泛指边塞关山。“悔觅封侯”，语出王昌龄《闺怨》：“忽见陌头杨柳色，悔教夫婿觅封侯。”“五陵年少”，泛指达官贵人家的子弟。“五陵”指长安附近的五个皇帝的陵墓。“五陵年少”多用于诗词中，如杜甫有“同学少年多不贱，五陵裘马自轻肥”句，白居易有“五陵年少争缠头”句，马致远有“春风骄马五陵儿”句。

此词下片表达了作者对连年军阀混战、烽火连天所产生的忧患。20世纪20年代中后期，正是军阀混战、民不聊生的时期。这世界哪堪挽救，还是对酒当歌，以消愁怀吧！借用张绪一典，当是欣赏张绪那“清简寡欲，忘情荣禄”的性情，其实还是“悔觅封侯”，不该陷于龌龊的官场，向往那种超脱政治、风流恬淡的人生。

这首词情致宛笃，词句简短，铿锵有力，落拓中自有一种豪放，也展现了张伯驹早年填词的功力，可说是出手不凡。当然，张伯驹这一时期或更早一些时间就已经致力于填词了，他不可能一出笔就是一首完美的词作，总得有一个习作的过程，只是早年的词作很少留下来。但这说明，词人的词作生涯正是从少年时代就开始了。

写于这一时期的词，还有一首《八声甘州》：

八声甘州

忆长安、春夜骋豪游，走马拥貂裘。指银瓶索酒，当筵看剑，往事悠悠。三月莺花已倦，一梦觉扬州。襟上啼痕在，犹滞清愁。

又是登临怀感，听数声渔笛，落雁汀洲。看残烟堆叶，零乱不胜秋。碧天长、白云无际，盼归期、帆影送轻鸥。倚阑处、才斜阳去，月又当楼。

此词上片，从西安的那一段军旅生涯的回忆写起，“三月莺花已倦”句的一个“倦”字，吐露了对军政职事的厌倦之感。“一梦觉扬州”，用杜牧诗意，杜牧《遣怀》有句云：“十年一觉扬州梦，赢得青楼薄幸名。”下片写残秋景象，象征时局，状写惆怅情怀。“月又当楼”作结，意味沉绵，让人想到曹植的《七哀诗》：“明月照高楼，流光正徘徊。”

从这两首词来看，张伯驹的词的确是词人之词，只有情感丰富、思想深沉、文学修养深厚的人，才能写出这样的作品来。同时，张伯驹的词作艺术也日臻成熟，这两首词都有伤今吊古之感慨，又有面对苍凉景色的感受，遣词用句，收放自如。词的风格可谓豪放中兼有细腻的情感，纤细与犷放兼备，节奏跌宕，已显示出其早年词作的功力。

对于张伯驹来说，真正促使他与政界决绝、解甲从文的，除了他对中国诗词文化的倾心热爱以外，就是洪宪帝制和张勋复辟两场风波，及其父张镇芳在官场上遭遇的挫折。这些引起他对政治、社会、人生的重新思考。

1917 年春，张勋在徐州召开督军团会议，酝酿复辟，张镇芳参与了复辟的进程。7 月 12 日，张勋复辟失败，张镇芳也被捕下狱。张镇芳在羁押中，表现出“世受君恩，忠于故主”的态度。

张镇芳成为阶下囚后，很多人为之奔走，为之出钱出力疏通营救。这时张伯驹已是成年，也积极参加了营救的全过程，曾将一大笔款项交给民国第一任民选总理、极力反对帝制的熊希龄，让他从中周旋。有钱能使鬼推磨。营救活动大见成效，张镇芳被判无期徒刑，时隔两天，又以病为由，保外就医，被送回天津。

张镇芳参与复辟活动后，盐业银行一时群龙无首，银行上层人物紧急协商，推举没有股份的吴鼎昌为总经理。1921 年，张镇芳在奉系军阀张作霖的支持下，东山再起，又出任盐业银行董事长，吴鼎昌留任总经理。

这一系列的事变更像浓重的阴影，笼罩在张伯驹心头。本来对从政就没有兴趣的张伯驹，通过张镇芳沉浮宦海的人生，更加看清了官场里的争斗与险恶，更感到从政并非自己所好，认为还是做一个散淡的人好。

1921 年，张伯驹仍在军队，任河南省暂编第一师参谋、四省（湖北、湖南、四川、江西）经略使署咨议（名誉职务），经略使为曹锟。1923 年，张伯驹又因不久前京畿发生水灾，曾以其父名义捐款 40 万元，而受到赈务督办熊希龄褒奖，被授予二等大绶嘉禾勋章，以简任职分发陕西，任陕西督军署参议兼驻京代表，其职务已相当于旅长。至于这 40 万元，则成为熊希龄创办收容灾区孤儿的香山慈幼院的基金，此院的楼房，便称为镇芳楼，至今还在。

1925 年，他不顾父母双亲的极力反对，辞去了一切实质的及挂名的差事，解甲从商。说实在的，张伯驹不仅厌倦仕途，对于一些商人的斤斤计较、坑蒙拐骗、毛票换大洋的事，同样没有兴趣。很多亲友规劝他，不要使年迈的父母过分伤心。他无奈，只好答应到盐业银行当了一名常务董事兼总管理处总稽核。

张伯驹在盐业银行任职后，就开始来往于京、津、沪、宁四分行间。对于此前这一段“光耀门楣”的军旅生涯，张伯驹在另一首词《凄凉犯》的小叙中更坦率地说：“壮岁从戎入秦，虽滥得勋赏，狗尾羊头，殊不抵画眉妆阁也。”真实地吐露了他对官场龌龊情形的轻蔑，且看《凄凉犯》：

凄凉犯

玉骢翠陌。封侯悔、秦关忆赋离索。酒家醉饮，飞花路外，秦笳城角。残愁镇恶，向烟晚，情怀淡薄。望当年，樊川杜曲，迤逦剩荒漠。

追念长安事，宝马貂裘，晚来游乐。少年队里，想英姿、射雕双落。误我羊头，怎还念，春闺梦著。盼归期，绿尽路柳负后约。

20世纪20年代，正是军阀混战最混乱的时期。此时的张伯驹，离开军界，转入商行，但当看到硝烟战火，作为一个曾经的军人，在一首《扬州慢·归故都感作》中，他表达了自己深重的心情。

扬州慢·归故都感作

云驿星津，雨轮风楫，倦游早计归程。豁迎眸一发，认故国山青。向谁洒、伤时涕泪，洗戈银汉，何日销兵？敛西风残照，余晖，犹恋高城。

少年俊侣，奈如今、潘鬓堪惊。纵万里乘槎，千金买赋，难慰深情。回首十年前事，疏帘外、酒醒钟声。只愁如春水，无人随去随生。

早期回忆军旅生涯、感叹家国多难的词作，在张伯驹一生词作中虽不是主流，却是重要的一部分。从这些词作中，我们看到张伯驹对军界黑暗的厌恶和决绝的态度。从此，我们看到的张伯驹总是他文人的气质，再也看不到他曾经的军人风貌。张伯驹从军时期也有过戎装照，一身礼仪军服，透出军人的英武，可惜，据他儿子张柳溪说，这些张伯驹的全身戎装照片皆烧毁于“文革”初起之时，令人扼腕。

张伯驹退出军界，逐渐转移到文化艺术领域，这是张伯驹人生轨迹发生的重大转折与变化，对其一生的艺术成就具有重要的作用和意义。

三

“眼前有景道不得，能道得便是好词”

——倾心词学

张伯驹退出军界，在父亲的盐业银行虽有任职，但他仅仅看作一个挂名的差事，他的全部精力已投入了使他醉心的文学事业，主要是词的创作，他立志要成为一个词人。

张伯驹对唐五代词和宋词的学习、揣摸和拟作达到了痴情和痴迷的程度。

张伯驹很喜欢明人张綖在《诗余图谱·凡例》中的一段话：“词体大略有二,一体婉约，一体豪放，婉约者欲其辞情蕴藉，豪放者欲其气象恢弘。盖亦存乎其人，如秦少游之作多是婉约，苏子瞻之作多是豪放，大抵词体以婉约为正。”

清人郑燮还明确指出，“词与诗不同，以婉约为正格，以豪宕为变格”(《与江宾谷江禹九书》)。

张伯驹很喜欢婉约词派的风格，他首先从学习婉约词的小令写法入手，尽量体现小令词的精致典雅、工巧流丽的风格，用词则幽微婉转、优雅醇正，以避浅显直白之弊。

对于唐五代词人，他很喜欢温庭筠、冯延巳、李煜、韦庄等人的词，他认为温词大多浓丽绵密，韦词则倾向清丽疏朗，而冯延巳的词语言清丽、委婉深情，与温庭筠、韦庄恰恰分鼎三足。

张伯驹欣赏且常常背诵的小词就有冯延巳的《谒金门》："风乍起，吹皱一池春水。闲引鸳鸯香径里，手挼红杏蕊。　斗鸭阑干独倚，碧玉搔头斜坠。终日望君君不至，举头闻鹊喜。"

张伯驹认为这首词的最后两句写得极为生动传神。"终日望君君不至"将思妇愁眉不展、无心赏春的原因一语道破。最后一句"举头闻鹊喜"又将一丝希望、喜悦之情跃然纸上，这种感情的大转折，意蕴无穷，耐人寻味。

据马令《南唐书》卷二十载，南唐中主李璟曾和冯延巳开玩笑说："'吹皱一池春水'，干卿何事？"冯延巳答："未如陛下'小楼吹彻玉笙寒'。"由此可见，这开篇一句"吹皱一池春水"比拟为那女子由于心上人未到而平静不下的心情，是多么的传神，难怪广为传诵。

对于北宋词人，张伯驹在学习小令的过程中，着意摹仿的主要是欧阳修和晏几道。

欧阳修，字永叔，号醉翁、六一居士，北宋政治家、文学家。欧阳修反对绮靡浮华的文风，提倡简洁平易、委婉自然的文风，他的词作文笔清婉疏隽，情韵淡雅深挚。他有一首词《蝶恋花》："庭院深深深几许，杨柳堆烟，帘幕无重数。玉勒雕鞍游冶处，楼高不见章台路。雨横风狂三月暮，门掩黄昏，无计留春住。泪眼问花花不语，乱红飞过秋千去。"

这首词写景状物，疏浚委曲，虚实相融，辞意深婉，尤对少妇心理刻画写意传神。

张伯驹反复品味了这首词，也作了一首《蝶恋花》：

蝶恋花

深掩云屏山六扇，对语东风，依旧双双燕。小院酒阑人又散，斜阳犹恋残花面。

流水一分春一半，有限年华，却是愁无限。禁得日来情缱绻，任教醉也凭谁劝。

这首词也是写暮春黄昏之景的，欧阳修的词写重门将黄昏景色掩闭，也无法留住春意，张伯驹也说：“小院酒阑人又散，斜阳犹恋残花面。”其情味何其相似。

张伯驹的这首词曾被行家评为“清妙自然”“可乱六一”。

张伯驹也很喜欢北宋词人晏几道。晏几道，是晏殊的幼子，号小山。他生于显贵之家，却不愿攀附权贵，浮沉词酒，一生落拓不遇。其词多写人生失意之感与男女悲欢离合之情怀，以小令入胜，工于言情，语言清新，缠绵凄丽。他有一首词《思远人》：“红叶黄花秋意晚，千里念行客。飞云过尽，归鸿无信，何处寄书得？　泪弹不尽临窗滴，就砚旋研墨。渐写到别来，此情深处，红笺为无色。”

这首词中词人所怀念的“行客”，就是莲、鸿、苹、云四位歌女中的两位。晏几道在其父晏殊去世后，家道中落，荣华富贵只剩下了余烬冷烟，晏几道也从雕梁画栋的楼头，跌落到人情冷暖的世俗，两位歌女自主人败落风尘，如飞云、归鸿杳无踪迹。全词借一系列景、物感兴生情，极婉转，极激切；辞浅情深，平淡含蓄，将词人痴心痴事，痴情痴恋，写得深婉动人。

张伯驹看了这首词，也和了一首。

思远人

和小山

花落絮飞春事了，千里更为客。空来鸿雁，不捎书信，消息怎寻得。

悲时血向心房滴，泪眼渍如墨。待望到尽头，绿凄红惨，斜阳黯无色。

这首词既用晏几道词原韵原字，且先后次序都相同。由此可见张伯驹仿作北宋词人的词，功夫下得很深，这首词也酷似晏殊词的词情和词风。

晏几道还有一首词十分有名，就是那首《临江仙》：“梦后楼台高锁，酒醒帘幕低垂。去年春恨却来时。落花人独立，微雨燕双飞。记得小苹初见，两重心字罗衣。琵琶弦上说相思。当时明月在，曾照彩云归。”

这首词为怀念词人与歌女小苹初见情恋与离散之作，“落花人独立，微雨燕双飞”是翁宏的《宫词》中的后两句，被晏几道巧妙引用，堪称点铁成金，词家妙手天成，成了“千古不能有二”的名句。这首词语言清新俊逸，意象绵密空灵，亦景亦情，时空交映，以美境传苦情，情蕴深婉悠远，实为北宋婉约词之佳作。

张伯驹叹赏这首词的精美，也作了一首《临江仙》。

临江仙

帘影故家池馆，笛声旧日江城。一春深院少人行。微风花乱落，小雨草丛生。

驿路千山千水，戍楼三点三更。繁华回忆不分明。离尊人自醉，残烛梦初醒。

这首词也是写怀念情人远隔千山千水之愁情的，但作者的摹写已有了变化，却把一腔愁情融化在轻灵可爱的物象中了。"落花人独立，微雨燕双飞"，写人与落花，燕与微雨皆交融在一起，意境很美，更觉绵邈深情，却也有一股孤独悲凉的意味。张伯驹的"微风花乱落，小雨草丛生"意境也很美，语言活泼轻灵，和晏几道的"微风"与"落花"有神似之处，却不再是单纯的模仿，已有了更加清新、精微的意蕴。所以，张伯驹这首词当时就得到很高的评价，有人赞之为"大有南唐之骨，北宋之神"，"置之小山词中，可乱楮叶"。

"骨"与"神"都属中国古典诗学批评范畴，二者又常与"风"并举，有"风骨"与"风神"之说。

对于北宋末年词人，张伯驹极为称赞的词人还有周邦彦、李清照等，特别是周邦彦。周邦彦，字美成，自号清真居士。周邦彦是北宋末年词坛上的集大成者，词誉极高。他写景寓情，笔意含蓄，那"叹年华一瞬"的三起三落，既有"凭栏久，黄芦苦竹，拟泛九江船"的感叹，又有那"自到瑶台畔，眷恋雨润云温，苦惊风吹散""隔溪山不断"的"一缕相思"，更有那"徘徊班草，欷歔酹酒，极望天西"的怅惘无穷的愁苦。词人将自己的身世之感，融于这一切景致中，既言景，又叹身世的浮沉，既和婉又深厚，他的一首《兰陵王》词是格律派的代表作。这首词，末句连用6个仄声字，更需功力。

于是，张伯驹就下苦功学习周邦彦，也依周邦彦的《兰陵王》，和作了《兰陵王·金陵客中》。

对于南宋词人姜夔，张伯驹亦是推崇备至。姜夔，自号白石道人，一生没有做官，一直过着清客的生活，晚年的姜夔生活极为穷困，曾旅食于浙东、嘉兴、金陵一带。

姜夔作词，写爱情的占绝大部分，作有新词《暗香》《疏影》，并将此词赠给大诗人范成大，范成大便让家妓小红歌之。不料演唱的歌女小红十分钟爱这两首新词。于是，除夕之夜，爱才的范成大成人之美，将小红赠给姜夔为妾。小红色艺双全，可算是风尘中的红颜知己了。由此，姜夔即兴吟出了“自作新词韵最娇，小红低唱我吹箫”(《过垂虹》)的旖旎动人的千古绝唱。

张伯驹最喜欢姜夔的一首词为《淡黄柳》:“空城晓角，吹入垂杨陌。马上单衣寒恻恻。看尽鹅黄嫩绿，都是江南旧相识。　正岑寂，明朝又寒食。强携酒，小桥宅。怕梨花落尽成秋色。燕燕飞来，问春何在，唯有池塘自碧。”

这首词是词人居合肥时，为了“旧相识”的情人所抒发的一首情怀之作。最后几句是说词人是为探寻伊人消息而来，可是，已伊人无迹，往事如烟，入眼处只有那旧日的塘水，依然自碧。词人那寻人不见的惆怅之心，令人感慨。

张伯驹是因为自号“丛碧”呢，还是对此词最后一句“唯有池塘自碧”情有独钟、理解最深呢？反正是他在自己的词作中也爱用“碧”的字眼，如在其词《兰陵王》“金陵客中，依清真韵”中首句即为“晚烟直，春草无人自碧”，在《霓裳中序第一》“西山赏雪归作”中，最后一句为“月影映丛碧”，而在《秋霁》词中又有“一叶剪碧”的佳句。如果细细梳理张伯驹的词，当还有用“碧”的词句。从这些句子中可以看出，张伯驹的“自碧”“映丛碧”“剪碧”，都与姜夔的“自碧”有神似之处，而意境又各自不同。

张伯驹学习唐五代词和宋词的神韵与格律是极为认真刻苦的，但他又不是呆板地学，一味地摹仿。他的学习，用曾经风行一时的一个词语叫作“活学活用”，当然也“立竿见影”，但这“影”则是宋词的精神与风骨。

张伯驹在青年时代，便汲取了中国古典诗词艺术的精华，又逐渐形成了自己的风格。张伯驹早期的词作，还带有较为明显的习作痕迹，到了其词作的成熟阶段，他的词作艺术就达到了自然娴熟、纯美朴直、淡然超脱的境界，形成了自己独特的风格。

所以，著名文人，也是张伯驹词作知音兼私人挚友的夏仁虎在为张伯驹《丛碧词》所作的序言中说，张伯驹“所为词取径花间，晞踪二主。野云栖树，晦明无端。微风振萧，宫徵自合”。

四

“洹上起寒云，词坛两俊人”

——公子岁月

故宫博物院故宫学研究所所长章宏伟先生近日发文说：张伯驹名列所谓“民国四公子”之说，是毫无意义的，更不用说为削足履而去重新搭配组合“四公子”有哪几个更合适。他又说：我没有查到民国时期关于“民国四公子”的消息……或许当时确实有“四公子”的说法，但绝不是所谓的“民国四公子”，因为张伯驹自言“人谓近代四公子”，此言“近代”而非“民国”，这不只是两字之差，意义非比寻常。

在张伯驹研究的学术领域，提出有无“民国四公子”之说及“民国四公子”之说有无意义的问题，还是第一次。应该说，是可以讨论的，或可引起对张伯驹早年生活研究的深入，但我更认为，问题的关键和实质并不在有无“民国四公子”之说，或说法之早晚，只是张伯驹早年确曾过着一种公子的生活，确曾与袁克文、溥侗、张学良过从甚密，这是张伯驹青年时代生活中的一个重要方面，是研究张伯驹生平必须说清的。况且，张伯驹也曾说：“人谓近代四公子，一为寒云（按袁克文），二为余，三为张学良，四，一说为卢永祥之子小嘉，一说为张謇之子孝若。又有谓：一为红豆馆主溥侗，二为寒云，三为余，四为张学良。此说盛传于上海，后传至北京。前十年余居海甸，人亦指余曰：此四公子之一也。”

张伯驹结识袁世凯的次子袁克文（1890—1931）是很自然的事，因为他父亲张镇芳的姐姐嫁给了袁世凯的二哥袁世敦，张伯驹就和袁克文成了表兄弟。袁克文号寒云，字豹岑，也并非一般风流子弟，还是很有才华的，他对其父兄热衷于称帝闹剧不以为然，曾喟然长叹：“古人云，高处不胜寒，不幸生于帝王之家。”一次，他写下一首七律，最后两句是“绝怜高处多风雨，莫到琼楼最上层”，有劝诫袁世凯不要当皇帝的意思。张伯驹看重袁克文的也正在此处——视富贵如浮云，以诗酒傲公侯。

张伯驹在《续洪宪纪事诗补注》中曾有诗云：

公子齐名海上闻，辽东红豆两将军。
中州更有双词客，粉墨登场号二云。

“两将军”：一个“辽东”指张学良，一个“红豆”即溥侗。“双词客”：一是袁克文，一是张伯驹。二人都喜好填词，又都是戏曲票友，克文号“寒云”，伯驹号“冻云楼主”，故曰“号二云”。

1930年冬，袁克文和张伯驹、红豆馆主溥侗同登开明戏院舞台，演义务戏。戏一直演到深夜，卸装后，袁克文意犹未尽，遂邀诸人同至城南花街买醉。时密密洒洒，大雪漫天，室内却是炉暖灯明，一案置酒肴，一案置纸墨。袁克文在妓女的花团锦簇之中，左手持笺，右手挥墨，即席赋《踏莎行》一阕。

踏莎行

随分衾裯，无端醒醉，银床曾是留人睡。枕函一晌滞余温，烟丝梦缕都成忆。

依旧房栊，乍寒情味，更谁肯替花憔悴。珠帘不卷画屏空，眼前疑有天花坠。

寻章摘句，随手拈来，张伯驹也即刻和词一首《踏莎行》：

踏莎行

银烛垂消，金钗欲醉，荒鸡数动还无睡。梦回珠幔漏初沉，夜寒定有人相忆。

酒后情肠，眼前风味，将离别更嫌憔悴。玉街归去暗无人，飘摇密雪如花坠。

张伯驹这首词是对袁克文的和词，自然有对当时情景的描绘，也有描写袁克文与那些花街女子深夜相聚又匆匆分离的情愫与惆怅。其实，对张伯驹这首词也可忽略其当时的一隅背景，把它看作一般唐宋词中寓有惜别之情的情词的。这样理解，此词的含义及其艺术的意义都大为拓展了。

上片可看作情人惜别时凄清和深沉的情感，下片则为情人的惜别之情营造了诗意的环境氛围。最后一句把无限的相思惜别之情寓于迷蒙雄深的景色之中，点出愁思和深情的浓郁，直如那茫茫的天宇和纷纷的雪花。全词意境凄婉，而又蕴含刚劲、雄放之气。

这首词是这一时期张伯驹词作特色的一个缩影和代表，属于典型的婉约词。张伯驹另有诗记此词填作时情形：“门外雪花飞似掌，胭脂醉对快挥毫。”

1931 年 3 月，袁克文猝然离世。张伯驹闻听，曾一度陷入极度的悲痛之中。遂书写挽联，寄托哀思：

天涯落拓，故园荒凉，有酒且高歌，谁怜旧日王孙，新亭涕泪；
芳草凄迷，斜阳黯淡，逢春复伤逝，忍对无边风月，如此江山。

袁克文去世 7 年后，张伯驹又将其生前词作结集为《洹上词》。

张伯驹又作《寒云词序》，其中说道：“寒云词跌宕风流，自发天籁，如太原公子不修边幅而自豪，洛川神女不假铅华而自丽。”

言犹未尽，又作词《金缕曲》以抒对故人之怀感。

金缕曲

一刹成尘土。忍回头、红毹白雪，同场歌舞。明月不堪思故国，满眼风花无主。听哀笛、声声凄楚。铜雀春深销霸气，算空余、入洛陈王赋。忆属酒，对眉妩。

江山依旧无今古。看当日、君家厮养，尽成龙虎。歌哭王孙寻常事，芳草天涯歧路。漫托意、过船商贾。何逊白头飘零久，问韩陵、片石谁堪语。争禁得，泪如雨。

张伯驹作为一个戏迷、票友，与另一位公子——清宗室镇国将军溥侗也经常同台演出。溥侗（1871—1952），字西园，艺号厚斋、红豆馆主，是一位同情光绪皇帝的近支皇族，是曲艺家，精于古典文学和文物鉴赏。他酷爱戏曲，对于昆、京艺术，生、旦、净、末、丑兼工并通晓词章音律。他与袁克文、张伯驹同在京、津，自然是惺惺相惜，所以三人一向走动很勤，过从甚密。

溥侗也是一个文化界的多情种子，作为前清遗老遗少，自然对故国充满了眷恋。但他度德量力，是没有能力起死复生重整大清江山的。于是，满腔的无奈化作了放荡，他无意学李后主终日沉浸在“小楼昨夜又东风，故国不堪回首月明中”的惆怅之中，而是放浪形骸，麻醉自己，渴望沉沦。但他的满腹才情却要顽强地表现。

溥侗于 1952 年 6 月病故于上海。张伯驹甚为伤悲，曾作诗云：

飘泊天涯剩琵琶，故京犹念帝王家。
更看烽火连三月，风景江南正落花。

诗后注云：“杜工部诗‘岐王宅里寻常见，崔九堂前几度闻。正是江南好风景，落花时节又逢君’。乃咏李龟年流落江南事，即弹词所演也。红豆以弹词最著名，去南京亦似李龟年。后日人投降……红豆无人闻问，贫病以死，以王孙而结局尚不及李龟年，可惨也。”著名画家唐云为纪念溥侗作过一幅画，画面一油灯、一茗壶、一炭炉，题曰：“灯如红豆相思曲，茗逐青烟话古人。”

张伯驹与张学良的相识并结成好友，原因是其父亲和张作霖的撮拢。

袁世凯去世后，张镇芳为自己的儿子张伯驹操碎了心，就拜托了老友张作霖，于是张作霖给张伯驹封了个“提调官”，也就是挂名的秘书。张伯驹曾于1920年秋和1921年春，两次去东北见张作霖，自然结识了张学良。

张学良尚是一个十八九岁的青年，琴棋书画、斗狗走马，没有不通的，在这方面，与张伯驹还是有相通的地方的。在张伯驹的影响下，张学良也喜欢收藏书画了。几年之后，在张伯驹的引荐下，张学良在北京见到了袁克文、溥侗、方地山等一帮文人雅士。张学良很是兴奋，他告诉大家，他准备办一份《北洋画报》，作为各位展示才学的场所，也算为后人保留一些国粹精华。不久，张学良委托他的挚友和高级幕僚冯武越创办了《北洋画报》。四位公子也就是在这段时间里在北京风光一时，名声远播。

1931年，发生了日本军队侵略东北的“九一八”事变。新闻焦点就转到了东北少帅张学良身上。上海《时事新报》登出了两首讽讪小诗，其中一首道：

赵四风流朱五狂，翩翩胡蝶正当行。
温柔乡是英雄冢，哪管东师入沈阳！

此诗见报，举国一片哗然。人人皆知赵四小姐是与张学良相伴数十年的赵一荻，胡蝶是20世纪30年代的著名影星。

张伯驹也有一首诗曾经写道：

白山黑水路迷迷，年少将军醉似泥。
为问翩翩蝴蝶舞，可曾有梦到辽西？

关于这两首诗反映的情况是否真实，《传记文学》2019年第6期曾刊登刘慧琴的文章《永远的演员——忆与胡蝶的忘年交》，文中说：“我有幸和她（指胡蝶）完成了《胡蝶回忆录》的撰写，忠实地记录了她一生走过的道路。”“和张学良跳舞当年也曾传的沸沸扬扬，事后证明这完全是子虚乌有。是日本通讯社造谣中伤张学良，以引起国人对他的愤恨，转移目标。当时胡蝶正在北京拍外景，由于拍摄时间紧迫，外景队吃住都在一起，根本没有个人活动的时间。后来明星影片公司及演职员曾联合登报说明。此事现在早已澄清，而受舆论伤害的张学良和胡蝶，虽然也曾在同一个城市居住过，却是终其一生从未谋面。”

后来，在抗日救亡运动日益高涨的情势下，张学良终于醒悟，遂于1936年12月12日与杨虎城发动了“西安事变”，促成了停止内战、一致抗日的局面。张学良从此被幽禁，而他的形象却因此变得高大起来，得到了国人的同情与崇敬。

由于张学良后来的形象改变，加上人们对袁克文反对帝制的同情，又因为这几位“公子”虽出身显赫，却都不以家世炫耀，亦不是那种“高衙内”式的恶少，于是，“民国公子”的称谓便发生了由贬义而到褒义的变化。

著名学者、诗人寓真先生曾说：“民国四公子的著述德业，虽然不可与明清的前烈攀比，而从某种文化意义上来看，似是一脉文辉相映，以至垂耀于今。”

五

“妃弹塞上曲” “潘步掌中轻”

——婚姻与爱情

在有些情况下，婚姻并不等于爱情。

张伯驹 18 岁时由其父张镇芳做主，娶了安徽亳州女子李月娥，李父曾任安徽督军。但张伯驹对这门包办的婚姻并不满意，李月娥对婚姻的深情和向往换来的却是丈夫的冷淡。她在婚后寂寞、空虚、无望的生活中成了封建婚姻制度的牺牲品。

李月娥生在清代高官家庭里，从小缠足，虽然后来放了，但仍然是小脚。她没有受过多少教育，也没有让张伯驹这样富有才情、风流潇洒的才子可以欣赏、相爱的特长，也不会侍候、照顾丈夫的生活，所以和丈夫一直没有建立起真正的感情，而且结婚多年也没有生儿育女。

张伯驹很少住到夫人李月娥的屋子里，在家的时间也几乎不去看她。在这样无聊、无奈、孤独、毫无爱情的生活中，李月娥学会了抽大烟，以寻求刺激，打发每日难挨的时光。抽大烟的恶习，既损害了她的身体，也使张伯驹对她更加反感。但公公、婆婆很体谅她，全家人都称她为少奶奶。就这样，李月娥在绝望的生活中耗尽了生命，直至死亡，她都精心地保存着她和张伯驹的结婚礼服。她因病死于1938年，当时天津闹水灾，张伯驹正在北京，也没有回天津为她送葬。

李月娥在世时，张伯驹于1921年娶了第二位夫人邓韵绮，这个颇富诗意的名字正是张伯驹给起的。那个年代，一些富家子弟大都是在大家庭里已有妻妾的情况下，再另外买一所房子，娶一个女人，张伯驹也没有例外。

邓韵绮当时正是走红的京韵大鼓艺人。20世纪20年代，京韵大鼓风靡一时，尤其是女演员登台更是引领潮流。这一点正为热爱演唱艺术的张伯驹所喜爱，因此，她和张伯驹很是过了一段和谐而快乐的时光。

邓韵绮长相不算娇艳，作为一个艺人，虽然不是很圆滑，但很会处理与各方人士的关系。当时在北京的各种场合，大都是她陪伴着张伯驹，她也陪伴张伯驹去各地游山玩水。

这种快意的生活开启了张伯驹爱情词和山水田园词的创作，并一开始就形成了婉约词风。如中华书局1985年出版的《张伯驹词集》中，第11页的《鹧鸪天》和第13页的《秋霁》两首词中提到的韵绮就是他的这位夫人。特别是《鹧鸪天》一词，更是生动明快地反映了当时张伯驹率真的公子生活和文人才情。

鹧鸪天

甲戌正月下旬偕韵绮，同西明，夜至无锡，借笼灯入梅园宿。次日冒雨登鼋头渚，望太湖，归谱此词

为惜疏香此小留，碎阴满地语声柔。花光照眼还如雪，湖水

拍天欲上楼。

风细细，雨飕飕。计程明日又苏州。客中过了春多少，只替春愁不自愁。

这首词清新、明快、流畅、秀丽、婉转、天真，写景生动活泼，细致精工，风很细微，雨却很急，情趣无限。

再看一词。

秋霁

中秋同韵绮、鹤孙、西明泛舟昆明湖赏月，迟景荣吹笛，王瑞芝操弦和之

千里婵娟，与玉阙琼楼，共一颜色。寒似层冰，皎如圆镜，照来水天双澈。一叶剪碧，荇飘翠带鱼盈尺。隔树阴，蛩语、长桥横卧少人迹。

歌板暗诉，怨抑沉沉，夜阑秋声，都入瑶笛。倚兰桡、临流顾影，人间未应有今夕。疑是广寒天上客。素娥何处、应似桂殿同游，满身清露，去时还湿。

这是一首赏月的纪游词，反映了他和夫人邓韵绮的和谐及他们同赏风景的诗情画意。词人以其特有的工丽笔致，描绘了一幅难得的中秋月夜、湖上泛舟、唱叹抒情的游乐图。从此词可以看出，词人不但长于抒情，也善于咏物，此篇即是咏物佳构。上片写昆明湖月夜美景，首先写月光清寒明亮，水天双澈，这是写大环境；接着写一叶扁舟在水上划行，船边荇菜飘荡，鱼儿欢快畅游，这是近景；再次，远处蟋

蟀低语，长桥无人一片幽静，这是远景。这些景物和谐地融为一体，呈现出波光迷离、明月荡碎的意境，可谓境清神远。下片抒情，着意写客人陶醉、倾情于风景之中的赞叹、愉悦心情及情与景的清逸脱俗的品格和出尘远世的超然情怀，使人读后有种深为感染、如临其境的感觉，生出一种遗世独立、羽化登仙的超越凡尘之乐，净化了人们的心灵。

此词已显现了词人情深而雅、旨婉而约、摇曳多姿的词风。

邓韵绮结婚后也没有生育，渐渐地也染上了抽大烟的毛病。这样一来，张伯驹也逐渐冷淡了她。于是，张伯驹在和邓韵绮尚未离婚的情况下，又娶了第三位夫人王韵缃。这个名字也是张伯驹起的。1948年，邓韵绮与张伯驹离婚。当然，最主要的原因还是“不孝有三，无后为大”这一封建古训在作怪。

王韵缃是苏州人，朴实、本分、勤劳，结婚不久，王韵缃就怀孕了。张镇芳两口子早就盼望有个孙子，知道儿媳怀孕后，就把她接到天津家里。不久，王韵缃就给张伯驹生了个儿子，名叫张柳溪。

王韵缃生下儿子后，张镇芳自然视孙子为掌上明珠。

王韵缃待人忠厚，不会玩心眼，就是对待张伯驹的原配夫人李月娥也十分尊重。王韵缃在天津安排好长辈、孩子生活的同时，也惦念着丈夫张伯驹的生活，有时也带着孩子去北京看望张伯驹。

张伯驹有一词《念奴娇》，在序中称“中秋寄内”。内，内人，泛指妻妾。这首词有人说是写给邓韵绮的，有人说是写给王韵缃的，理由是其时王韵缃是住在天津的，又给张伯驹生了个儿子，颇得丈夫温情。因为后来张伯驹写给妻子潘素的词，一般写“寄慧素”。但这首词还是值得一读的，因为此词以后，就看不到张伯驹写给“内人”的词了，这首词也可看作张伯驹爱情词、怀人词的发端，是夫妻之间正常情感的吐露，只是到了张伯驹笔下，便多了文人的离愁别绪。

念奴娇

中秋寄内

无人庭院，坠夜霜、湿透闲阶堆叶。月是团圂今夜好，可奈个人离别。倚遍云阑，立残花径，触绪添凄咽。满身清露，更谁低问凉热。

记得去年今日，盈盈双袖，满地明如雪。只影那堪重对此，美景良辰虚设。玉漏无声，银灯息焰，总是愁时节。谁家歌管，任他紫玉吹彻。

这是一首怀人抒情词。念远怀人，抒发对妻子的深厚爱意和离情别绪。上片写眼前的实景和感触：中秋之夜，月圆露清，落叶堆阶。景色美而凄清，在这样一个孤独、寂寞的环境中，只身一人，望着一轮圆月，离愁别绪油然而生。“满身清露，更谁低问凉热”句，极伤感，亦极尽怀人之情。

下片写回忆之情景，去年今日，花好月圆，夫妻团聚，盈盈双袖，恰好和今日情景形成对比，更增加了词人的伤感。“满地明如雪”，不只是说月光，而是想象出了地上的双人映影，而现在，美景如同虚设，越是听到人家吹奏紫玉歌管，越是想念自己的妻子。最后一言，词已尽而意无穷，含蓄深远，对妻子相思之苦，自不待言。全词以写景始，以抒情终，结构绵密，格调凄婉，意境缠绵。

唐宋词中，词调不下数百，有豪放有婉约，“念奴娇”当是个高调雄曲，适宜逸足奔放的歌词，苏轼用此调作赤壁怀古调，首句“大江东去”，逸响入云。而张伯驹却用此调写出了凄怨悱恻之辞，用同一曲调表达了不同的内容与情感。

20 世纪 30 年代初，张伯驹正任盐业银行差事，要按期去上海、南宁等地查账。在上海盐业银行进行公事期间，不免要与朋友到青楼吃花酒，当年在上海这也是常事。张伯驹不喜饮酒，他叫的局只是听音乐，这就遇上了善弹琵琶的潘妃。潘妃的娴雅风度和悠悠动听的琵琶曲，立时使张伯驹痴情耽迷，引为知音，坠入爱河。虽然自从王韵缃生了儿子后，张镇芳就不允许他再娶妻纳妾了。

潘妃亦名潘白琴，1915 年生，苏州人氏，16 岁时便成了上海青楼艺人，天生丽质，蕙质兰心，出淤泥而不染，终日与琴弦为伴，守着那一片冰清玉洁，祈祷上苍，让她早日脱离苦海。

张伯驹初见潘白琴，便才情大发，提笔就是一副嵌字联：“潘步掌中轻，十步香尘生罗袜；妃弹塞上曲，千秋胡语入琵琶。”不仅把“潘妃”二字嵌入其中，而且把潘白琴比作南北朝时齐东昏侯妃（“步步生莲”之典故）。后一句暗指王昭君，将潘白琴善弹琵琶的特点也概括其中，闻者无不击掌叫绝。

青年时代的潘素

自从遇上了张伯驹，潘白琴心中不禁一动，她感到张伯驹对她的一片爱慕出自真诚，神态庄重，再加上长相不俗，学问不浅，举止风雅，与其他纨绔子弟大不相同。几次交往下来，潘小姐已是芳心暗许。

青楼女子嫁给了张伯驹，近乎潘白琴的一次涅槃重生，她的人生之路，从此步入佳境。

张伯驹和潘白琴在姑苏举行婚礼之后的一段时间里，又沉醉在游览姑苏、杭州、上海、南京等地名胜古迹的快乐之中。他们又拜过印光法师，“白琴”改为“慧素”，伯驹就唤她“潘素”。

张伯驹多情，多情通向审美，他看好了潘素是一块未经琢磨的璞玉。张伯驹请来一位老画家教她学习绘画，又请来了专教古文的老师。不久，又请苏州名家汪孟舒专教潘素画山水。

在张伯驹的精心指导下，潘素的琴棋书画艺术得到全面发展，成为名重一时的金碧青绿山水画家。

游山玩水，不仅成了潘素采风写生的机遇，也激发了张伯驹创作山水田园诗词的灵感和才智。那一首首空灵馨逸、行云流水、天趣盎然的山水风情词，既成了他第一部词集《丛碧词》的重要作品，又形成了他婉约多丽的词风，奠定了他在中国近现代词坛的地位。

让我们且读几首。

鹧鸪天

西湖旅夜

二月春寒未放晴，炉香烟细冷云屏。灯花照影愁先觉，湖水摇窗梦不成。

一阵阵，一声声，斜风细雨到天明。问人夜睡何曾着，燕子无须唤客醒。

这首词写作者夜宿西湖深夜和清晨的感受。因斜风细雨、湖水荡漾、燕子轻盈等景致的绮丽，意境的美妙多情，词人高兴得一夜未曾入睡。全词清婉圆转，工巧流丽，风韵天成，词风欢快。词中洋溢的是风景的美好，也充满着青春和爱情的美满，充满着柔情蜜意。这是张伯驹小令的突出特色，体现了他“自写性情”的主张。他小令中多率情之作，往往就眼前景色，抒写内心情感，自然而发，生动感人。

临江仙

帘影故家池馆，笛声旧日江城。一春深院少人行。微风花乱落，小雨草丛生。

驿路千山千水，戍楼三点三更。繁华回忆不分明。离尊人自醉，残烛梦初醒。

这是一首抒发羁旅愁怀的词，前面已经介绍过，此类题材在唐宋词中一般都写得凄哀愁情。而在这首词里，作者虽然也有感伤的情怀，却把这些情怀巧妙地融化在轻灵可爱的物象中了，即便是愁情，也成了很有情趣的感受。如“微风花乱落，小雨草丛生”，语言俏丽，颇为活泼，萌生着盎然的活力。“驿路千山千水，戍楼三点三更”，寥廓的境界中，却和谐地呈现出精微、清幽的意境。这首词被著名词家周笃文评为“天然风韵，风致独绝，《丛碧词》中高境”。

鹧鸪天

过厦门

枕上寒潮断梦残，客愁离绪一番番。语随地换知家远，花盼春留待主还。

山叠叠，水弯弯，海乡风景近南天。小船逐队飞如鸟，细雨声中卖蜜柑。

读罢此词，使人感到满纸载的都是欢快。无论你是文人雅士还是学生市民，也无论你心境如何，简直不需要什么思考，读之便心情为之一爽，烦愁顿消，破颜一笑。这首词音律和美，节奏轻快自然，充分显示了词人句法活泼、轻灵流畅的风格。这首词是张伯驹婉约词的代表作之一。词中充满音乐的律动感和灵性，乃其词优美的根本要素之一，也是词作为韵文文体不可或缺的。

还有一首词，不可不读。

临江仙

游西湖，遇雨，避一别墅亭中，先有一人携丽于雨中吹笛，情景如画，词以记之

垂柳阴阴雾锁，湖天漠漠烟笼。胭脂染透小桃红。鱼儿三尺水，燕子一帘风。

亭榭谁家寂寂，楼台到处重重。一声玉笛破空濛。山光微雨外，人影落花中。

这首词的妙处在于“鱼儿三尺水，燕子一帘风”，静中有动，使沉闷的气象活泼起来，有了生气，语言也自然流丽；“山光微雨外，人影落花中”，对仗工巧，更成点睛之笔，不愧为妙手天成。

由于张伯驹在其山水纪游词中观察自然景物很仔细，又写出了发自内心的感受。所以他的这些词作既给读者以新鲜、可爱、真切之美，又显示了词人的艺术匠心。著名词学家叶嘉莹曾说过：“人们对事物感受的态度约可分为两种，一种是以感官去感受的，而另一种则是以心灵去感受的，以感官去感受的人，所得大多数是事物的形体迹象，而以心灵去感受的人则所得的大多是事物的气象精神。”张伯驹的山水纪游词显然是这两种感受的结果。这两种感受相互融合的美，真正触动了读者的心灵，把词人所体会到的美也化为自己感到的美。

从这些词中，还可以感到张伯驹在追求一种自然神韵，以“寻常语”道得“眼前景”。他主张应从日常生活、景物中取材，而不是从书本、学问中找灵感。他曾说过，写词不过是心灵之所托，随其自然，有感而发。与天地为友，以风月为家。但随心之所之，不求名世，也不求胜人。所以，这一时期是张伯驹婉约词风快速形成的时期，显现出两个特色：一是作品以含蓄空灵的意境感染人，一是以诚挚深婉、纯情的抒写打动人。但我们要看到，这一时期，是张伯驹生活颇为优游、安逸的时期。他已完全脱离了令人厌倦的政治环境，过起了一种置身自然，也与劳苦忧愁的人民大众无关的优裕生活。这也形成了他这一时期的山水旅游词和抒情词的又一特色，那就是他这一时期的词可谓“闲适词”，是有着“南唐之骨、北宋之神”的“闲适词”。张伯驹多选用“流水”“落花”“烟柳”“飞雨”等优美、轻柔的景物入词。当然这一切都与当时的社会环境、文学环境和他富裕的生活有关。

这一时期，他常用“离愁”“春愁”“愁无限”“愁先觉”等词语，“愁”

字使用频度颇高，但在这种“愁”的字面之下，却有着一种相当轻快、明朗的调子，总让人觉得他的“愁”实在是生活太过安逸舒适了，是一种没有“可愁”之处的闲愁，是一种游山玩水的离愁。一旦到了他历经身世浮沉、阅尽沧桑、被人迫害、无家无食的时候，他的这种词情和闲愁就再也不见了。

还有一点要说及的，就是张伯驹小令前后期词风有很大变化。前期温润圆融、雅致含蓄，语言明白如话，貌似天然。其实张伯驹极其讲究炼词造句，并时而露出模拟的痕迹。正如词评家谢燕所说：“很多词太似二晏、六一，反而淹没了自己的个性。”

第二章

“红毹纪梦”“烟云过眼”

（1932—1945）

一

“惊人一曲空城计，直到高天五尺峰”

——戏剧生涯

人生，三十而立。

20 世纪 20 年代末，张伯驹进入壮年时期。其由痴情填词而引发的对文化艺术的热情全面喷发，他更加孜孜以求，发愤进取。由青少年时期奠定的传统文化知识，到了此时，经过勤奋刻苦和倾尽心血的培育，正枝叶繁茂，蓓蕾吐芳，惹人瞩目。张伯驹在戏剧、书画、文物鉴定和收藏诸多方面都取得了蔚为大观的惊人成就，使其成为名副其实的词人、著名票友和书画家、文物鉴赏大家。可以说从此时直到 40 年代中后期，是张伯驹的文化艺术成就逐步走向辉煌的时期。

按照他自己的说法，30 岁开始学书法，30 岁开始收藏书法名画，31 岁开始学京剧。

文化艺术的门类其内涵总是相通相融的。京剧中那些丰富的精致独到的艺术无疑为具有丰厚文化底蕴的张伯驹所理解、欣赏，以至很快到了痴迷的程度。

1928 年，张伯驹 31 岁，开始师从余叔岩学戏。

余叔岩，乃余三胜之孙，幼时用过“小余余三胜”艺名。余叔岩幼从吴联奎学京剧老生戏，辛亥革命后拜谭鑫培为师，一举成名，与杨小楼、梅兰芳在当时京剧界鼎立而三。

起初，张伯驹请了余叔岩的琴师李佩卿给他说戏，很快学了几出余氏戏，如《二进宫》《空城计》《八大锤》，并找了机会登台演唱。不久，又通过袁克文介绍，张伯驹正式拜余叔岩为师。余叔岩教他的开蒙戏是《乌盆记》，经过日复一日的勤学苦练，首演大获成功。

整整十年，张伯驹虚心求教，一步一个脚印，潜心钻研余派艺术。平日里，他吃完饭即到余府。那时余家客厅“范秀轩”已是高朋满座。张伯驹性喜恬静，既不与人交谈，也不和他人打招呼，只是坐在墙角或躺在余的烟铺上作闭目养神状，像徐庶进曹营——一言不发，因此有人叫他“张大怪”。这种怪异的性格，张伯驹终身未变。

在余家客厅，往往是等到夜静更深，宾客散去，他和余叔岩才一前一后师徒俩来到后院练功吊嗓，张伯驹常常是黎明时分才回家。正如他后来在《红毹纪梦诗注》中所说：

归来已是晓钟敲，似负香衾事早朝。
文武乱昆皆不挡，未传犹有太平桥。

《打渔杀家》这出戏，虽是一出普通老生戏，但经梅兰芳、余叔岩重排之后，其身段、念白、神情，与一般大不相同。对于学这出戏的过程，张伯驹也在《红毹纪梦诗注》中写道：

人人皆演戏非殊，合作余梅庆顶珠。
一式一招皆有谱，排来匝月费工夫。

《问樵闹府》《打棍出箱》余是穿插着说的。每场学会后再串联在一起，“犹如珍贵的百衲宋版书一样”。张伯驹又作诗记述：

身段虽多却是儒，精神错乱问樵夫。
一场前后分来学，百衲犹如宋版书。

张伯驹学戏的“见缝插针”精神，无人能比。他和余叔岩形影不离，余去哪儿，他陪到哪儿。他向余学戏近40出，比余的亲传弟子学的还多出几倍，足以证明余、张的深厚友谊和张对京剧的热爱程度。

张伯驹不仅学戏，更勇于实践，沉醉于舞台表演。

张伯驹曾饰演《阳平关》中的黄忠，在台上观剧的钱金福夸他说：“功夫不亏人呐！”张认为得到钱的认可实在不易，于是高兴得赋诗一首：

老夫越老越精神，让我黄忠战几春。
难得点头夸一语，功夫原是不亏人。

1937年农历正月，适逢张伯驹40初度，他打算大办一场堂会，一为做寿，一为乘机露一手，过把戏瘾。当时又恰值河南旱灾于去岁发生，于是，张伯驹就以演戏赈灾募捐为名，订在北平隆福寺街的福全馆办庆寿堂会。大轴为《空城计》，张伯驹饰主角诸葛亮。配角是一色的大腕，余叔岩饰王平，杨小楼饰马谡，王凤卿饰赵云，程继先饰马岱，陈香雪饰司马懿，杨宝森饰张郃。

消息一传出，轰动九城。到了演出这一天，福全馆中人山人海，热闹非常。演出开始前，张伯驹首先登台致意，说明这次赈灾义演的宗旨，感谢大家光临，并说不必当场捐款，只待来日将款打入盐业银行即可。

内行的人都知道张伯驹的嗓音条件并不太好，虽然云遮月近似余叔岩，但发出的声音穿透力不够，很难达到最后一排都能听清楚的效果。大家的注意力全部都集中在这些望重一时的名角硬配上面。不过，因为他是当天的寿星，于是张一出场，大家也就鼓起掌来。这出喧宾夺主、空前绝后的大场面，使张伯驹驰名全国，“票戏天下第一”。章行严（即章士钊）先生坐在第一排，看后写了首打油诗：“坐在头排看空城，不知守城是何人……”继而，演出的剧照、消息、评论遍载北平、天津、上海等地的戏剧画报。一小报云：“此曲只应天上有，人间哪得几回闻。”张伯驹也有诗为证：

羽扇纶巾饰卧龙，帐前四将镇威风。
惊人一曲空城计，直到高天五尺峰。

看戏、演戏对张伯驹的影响是深沉的，那些戏曲作品里的人物、情节、观念及戏曲这一古典艺术形式的文化内涵和艺术感染力，无不与他丰厚的传统文化修养与古典诗词的神韵深深地融合在一起，而他又以古典诗词的艺术原理，再去探究戏曲之道。

张伯驹不但是著名的京剧票友，而且还以京剧艺术研究家著称于世。

1930年，李石曾以法国退回的庚子赔款创办中华戏曲音乐院，内设北平戏曲分院。梅兰芳、张伯驹等人任院务委员会委员。此时，张伯驹友人又力促其约梅兰芳、余叔岩等发起组织“北平国剧学会”。张伯驹热情响应，召集银行界同仁，募得捐款5万元作基金，于

1931 年 11 月，在虎坊桥正式成立了北平国剧学会。

更值得赞誉的是，抗战后，故都沦陷。北平国剧学会的同仁集议，将会址迁至陕西。这时，张伯驹正在西安，他对国剧学会的迁址非常热情，还率先编出了《二进宫剧谱》以为纪念。

国剧学会还编辑了《剧学月刊》《戏剧丛刊》《国剧画报》等刊物。

张伯驹还在《戏剧丛刊》上发表了《宋词韵与京剧韵》《佛学与戏剧》《戏剧之革命》等文章。

特别是在《佛学与戏剧》一文中，张伯驹深刻地阐述了戏剧的审美妙处：“依予研究结果，佛学与戏剧，同时彻底解剖人生，以为积极维持人生永远安宁之工作。佛学以真我置于旁观地位，而以假我为一切化身，以解剖人生。戏剧则忘其假我，以真我为一切化身，以解剖人生。一为写意，一为写实；一为由原质而生方法，一为由方法而反求原质；一为由高深而趋浅近，一由浅近而入高深，取法不同，归宿则一也。”

著名学者孙郁高度评价张伯驹对戏剧的理解，他说：“在中国，一个人的学问如何，看他对美术的理解，对诗词的体悟，对佛教的认识，便可知道大概，张氏解析历史遗物，好奇心里有生命的温度，能够驻足于文明里的闪亮之地，历史遗产与其生命已经息息相关，他以这样的心境进入梨园，舞榭楼台，就多了诗心和快意。”

冯其庸先生也评价说：“张伯驹一生的功绩中，振兴京剧，他是有卓越贡献的。”

张伯驹在热情戏剧事业的同时，并没有放弃词的创作，但他关于戏剧题材的词却颇为少见，只有一首他赠给著名京剧老演员钱金福的《金缕曲》，则是声调铿锵，功力老辣。

金缕曲

耆旧凋零叹。想承平，梨园白发，物移星换。龚陈已老长林死，惟有此翁尚健，算留得，灵光鲁殿。脸谱庄严工架稳，看演来，叱咤风云变。须传此，广陵散。

有谁不挡兼昆乱。无奈他，失之子羽，艺高价贱。当日只将师傅恨，为何不教学旦？真活把我家眼现，梅尚荀程皆有党，向谁人拼命捧花面？空出了，一身汗。

这首词后来用笔名投到了上海《晶报》，发表后，该报一时风行沪上，很多人猜测，不知这一《金缕曲》为何人所作，众说纷纭，莫衷一是。但有一点却是公认，就是这首词功底深厚，自民国以来就很少见了。

二

“烟云过眼”“垂杨飞絮”

——收藏与书画

何谓收藏？

收藏是人的本性，是文化的情结。文物收藏在中国是一个恒久而常新的话题，它表明了中国人的生活态度、价值取向和思维方式，寄托着中国人对于传统的推重，对于厚重的文化积淀的崇尚。因此，对于爱国和具有使命感的收藏家来说，收藏则是一项神圣的事业，也是一个并不轻松的话题。

张伯驹就是那一时代一位卓越的收藏家。

张伯驹文物收藏的生涯始于1927年，这一年，他正好30岁。这年夏季的一天，张伯驹随意走进琉璃厂的一家画店，一抬头，就看到这家店铺的迎面墙上挂着一件书法作品，书法是用唐代楷书大家柳公权书体所题写的4个大字“丛碧山房”。张伯驹仔细审读这幅书法的落款，作者竟然是大清康熙皇帝。博闻多识的张伯驹知道，清代康熙年间有一个名儒叫宠垲，他的书房的名字就叫“丛碧山房”。看来，这件作品就是康熙当年御笔赐题。张伯驹再次查看了落款和印章，心中有了十足的把握，就把这个横幅买了下来。从此，他起字“丛碧”，自命其宅院为“丛碧山房”，也就是张伯驹所住的北平弓弦胡同1号院的一个院落。

张伯驹在收藏界起步虽晚，起点却高，底子也厚。青年学者荣宏君说，要想成为一个青史留名的大收藏家，必须要具备四个方面的条件：一是文化，二是财富，三是情怀，四是机遇。

单说这前三个条件，张伯驹已基本具备。就说这财富吧，其父拥有北方盐业银行，可谓家财万贯，这可不是一般人想具备就具备的。至于文化和情怀，无须多说。至于机遇，那可真是要看机遇了。

本书的主旨不是讲张伯驹的文物收藏，因而，笔者也只能择其要略略叙述，但请读者见谅。

1938年初，张伯驹从溥儒那里以4万元价格收购了中国历史上第一件文人手迹《平复帖》。

《平复帖》是西晋初年陆机的手迹，在中国书法史上拥有重要的地位，素有“百帖之祖”和“中华墨皇”的赞誉。

收购《平复帖》之后，张伯驹又以6万元的价格收购了唐代大诗人李白的《上阳台帖》和明代画家唐寅的《孟蜀宫妓图》。而《上阳台帖》则是诗仙李白唯一传世的书法真迹。

1940年，张伯驹以4.5万元的价格收购了北宋著名书法家蔡襄的《自书诗册》。

1946年，张伯驹又以110两黄金收购了北宋名臣、《岳阳楼记》的作者范仲淹的书法真迹《道服赞》。这是一件文章和书法俱佳的传世精品。

于此前后，张伯驹还收购了书画皇帝宋徽宗的《雪江归棹图》。张伯驹认为，宋徽宗虽是一个误国的皇帝，但艺苑风流，足传千古，

展子虔《游春图》

于是就重金买下。

1946 年，堪称张伯驹收藏史上一个壮举的就是其收购展子虔《游春图》。几十年来，在社会传说中最具轰动效应和传奇色彩的也就是这件事。

这一年，展子虔《游春图》惊现长春，很快被墨古斋书画商穆蟠忱收购。穆蟠忱知道这是一件国家、民族的稀世珍宝，价值连城。他把《游春图》带回北平后，与其伙货的书画商们商议，一定要卖个好价钱。

张伯驹知道这件事后，马上意识到这件绘画作品的重要性。所以他建议故宫博物院买下《游春图》，由国家收藏。但故宫博物院以缺少经费为由，未予收购。

一边是故宫无力购买，一边是自己囊中羞涩。一向淡定沉着的张伯驹也焦躁不安起来，最后他决定，一边委托老朋友琉璃厂墨宝斋的掌柜马宝山作为中间人，去接洽购买《游春图》，一边忍痛将弓弦胡同原购李莲英的一处占地 15 亩的房院出售，以 2.1 万美金卖给了北平辅仁大学。

接下来的事情就是谈价格。中间人马宝山和卖方代表李卓卿敲定的价格是黄金200两。

到了交货时间，李卓卿拿着《游春图》去马宝山家同张伯驹见面，一手钱一手货进行交易。张伯驹凑的黄金经鉴定只能折合成130两。他要求先把画拿走，再陆续补齐剩余的70两。卖方信任张伯驹，遂同意。就这样，张伯驹终于得到了《游春图》。一年后，张伯驹又陆续补交了40两。不久，赶上平津战事吃紧，30两黄金也就不了了之。

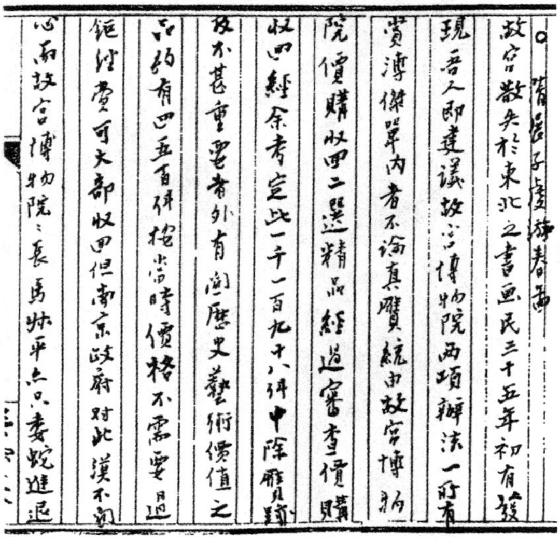
○展子虔游春圖
故宮散失於東北之書画民三十五年初有發
現吾人即建議故宮博物院兩項辦法一所有
賞溥傑單內者不論真贋統由故宮博物
院價購收回二選精品經過審查價購
收回經余考定此一千一百九十八件中除贗跡
及不甚重要者外有關歷史藝術價值之
品約有四五百件按當時價格不需要巨
鉅經費可大部收回但南京政府對此漠不關
心而故宮博物院院長馬叔平亦只委蛇進退

张伯驹介绍收购《游春图》经过的手札

后来到了1952年，新中国百废待兴，时任国家文物局局长的郑振铎找到张伯驹，希望故宫博物院能征集到这幅中国现存最早的山水画孤本。张伯驹表示，当初就建议故宫博物院收藏，自己和夫人千辛万苦、典屋鬻钗买下《游春图》，就是怕它流向国外。于是，张伯驹将《游春图》以3万元价格转让与故宫博物院，实现了“予所收蓄，不必终予身为予有，但使永存吾土，世传有序”的初心。

关于张伯驹收购《游春图》的过程，在诸多记述张伯驹生平的书中，都被写得十分“传奇”，成了张伯驹与所谓奸商马霁川斗智斗勇的惊险故事。其实，现经当事人证实，《游春图》既不在马霁川家存放，马霁川也没有参与《游春图》买卖过程，他其实是一个具有爱国之心的正派文物商人。这一历史情况已由张亚萌先生发表在2016年4月28日的《人民政协报》上的文章和马宝山先生的儿子马国庆的《长春救宝记》说清，此处不再重复。

张伯驹自幼喜爱书法，尤爱草书，他自30岁倾心艺事，除填词、演出京剧、鉴藏文物外，同样酷爱书法。西汉思想家扬雄说：“言，心声也；书，心画也。声画形，君子小人见矣。”因此，书法成为历代英雄豪杰、文人雅士的爱好。

张伯驹初学王右军的《十七帖》，40岁后又开始学习钟太傅的楷书，自得到蔡襄的《自书诗册》以后，张伯驹在书法上开始了一番艰苦的修炼，并引起他书法的彻底变化。

张伯驹由于受《自书诗册》恬淡清雅的影响，其书法终于进入了妙境。著名学者刘叶秋曾这样评价张伯驹的书法：“书兼行草，圆劲挺秀，卓然大家风范，与画可称双璧，殊足珍贵。”刘海粟说他“运笔如春蚕吐丝，笔笔中锋，夺人视线，温婉持重，飘逸酣畅，兼而有之，无浮躁藻饰之气。目前书坛，无人继之”。张伯驹书法的最大特点就是飘逸，妙趣天成。人们誉之为“鸟羽体”，没有火气，已经走向了脱俗、清淡、空远的高深境界。

于刻苦修炼书法的同时，张伯驹亦爱绘画。自古道书画同源，张伯驹的画亦如其字，古秀清雅、飘逸自然。他特别爱画梅兰竹菊、垂杨飞絮等。这些都是物中精品，画中逸才。但他画得最多的还是兰，常常是寥寥几笔，便画出了兰草婉约宜人的风姿，有超尘出世之趣，那种特有的风格是谁也摹仿不了的。张伯驹又常在画作上题字“楚泽流芳”，更加彰显了清幽娴雅的意蕴、淡泊绝尘的情怀，让人真切地有了气若幽兰的感悟。

当代著名学者、红学家冯其庸对张伯驹所画的兰、梅评价甚高，

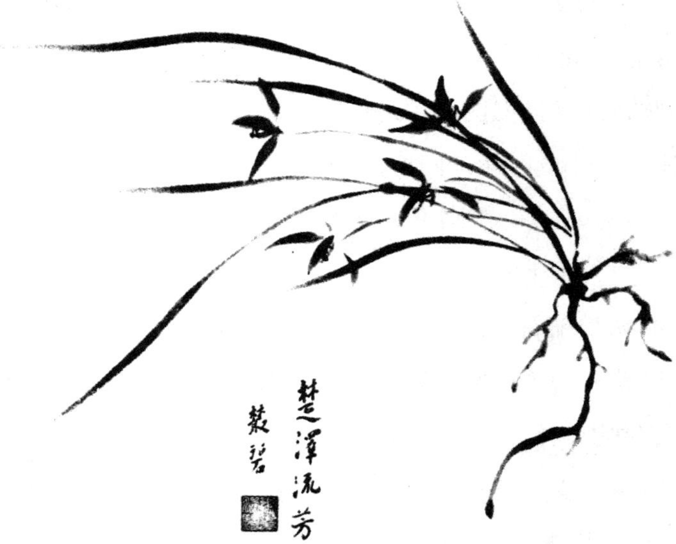

张伯驹绘《楚泽流芳》

他说:“至于张伯老的兰花,我认为上可以继承赵孟𫖯、文徵明,下可以并肩薛素素。他的梅花画法,也是另辟蹊径,与众不同。”

三

“看江流石在，寒滩犹咽孤城”

——山水与情词

1942 年 10 月，张伯驹偕潘素避寇入秦，来到了西安，直至 1945 年抗战胜利后才回到北平。

张伯驹避寇入秦的原因是其 1941 年夏在上海被绑架及其脱险，决意远离是非之地。而张伯驹避寇入秦前后的十余年间，则是其在人生和事业上有了新的变化的时期，同时，也是其早期词作达到高度成熟，词采惊艳，完美地进入词人之词的重要时期。

这一时期，张伯驹词作的主要内容是情词和山水词。在词的格律上，则是小令、长调并举，且形成了鲜明的艺术风格。

唐宋词中多有写儿女情长的词，故有词为艳科之说，从一开始就带着缠绵多情、悱恻柔婉的特质，大多描写男女的相思相恋、悲秋伤春等。张伯驹 20 世纪 30 年代的词中也有一些委婉含蓄的爱情词。

传统词中对爱情题材的处理，大致有三类方式：一是工于描摹，不将词人自我的感情渗入其间；二是在词中直接写男女的爱意；三是以一种清淡主观之语，写一种旖旎的情愫。张伯驹的情词极少有绮罗香泽之态，他言情趋雅，语意浅近，不涉轻狂，具有一种幽微深婉、寄情纤柔的韵致。如他的《浪淘沙》一词。

浪淘沙

香雾湿汍澜，乍试衣单。小楼消息雨珊珊。斜卷珠帘人病起，无奈春寒。

愁思已无端，又减华颜。年年几见月团圆。燕子不来花落去，莫倚阑干。

这首词显然是摹仿唐宋词中情词的婉约风格写成的。没有人物的专指，只是写一种朦胧的少女怀春、恋爱的情感，把一个少女多情纯洁的形象写得细腻传神，语言婉丽流畅。

他的一首《卜算子》，以婉转的笔触、清丽的词句写出了情感的甜美。

卜算子

落叶掩重门，桂子香初定。今夜月明分外寒，照澈双人影。

薄袂倚虚廊，天外银河耿。街鼓无声未肯眠，忘却霜华冷。

好一个充满诗情画意的秋夜，情人敏感的心，是那么清澈而美好。张伯驹善于通过创造一种情景交融的意境，传达纯洁纤细的情感。

张伯驹在词中追求骚雅、深婉的韵致，语言明快，却读来真挚动人。如他的《浣溪沙》。

浣溪沙

隔院笙歌隔寺钟，画阑北畔影西东，断肠人语月明中。

小别又逢金粟雨，旧欢却忆玉兰风，相思两地总相同。

张伯驹还有一首《浪淘沙》，也是婉约之佳作。

浪淘沙

帘外雨纷纷，静掩重门。梨花满院易黄昏。一穗银灯窥壁影，却印双人。

烟篆泛层云，龙脑香熏。好添兽炭凤炉温。怕是年年三二月，多病伤春。

当年，人们说，张伯驹的情词，除沈祖棻等人外，罕有其匹，一时有“南沈北张”之誉。不错，沈祖棻之词婉约清隽，写尽词人痴情，有人说她“善以极平常之闲言语，抒写极生动感人之真情性，词家当行有过于易安”。

言情，是婉约词的传统题材，也是婉约词的主要特点。它以情动人，在表现方法上多用含蓄蕴藉方法将情绪予以表达，其风格是绮丽的。往往“以美取胜”，词人们把美的语言、美的形象、美的意境，和谐地统一起来，展现自然美与生活美。张伯驹的抒情小词就是这样，写得婉媚轻柔，情致缠绵，把肺腑中的真情、悲愁与欢愉，通过抒情的婉约词，曲折细腻地流露出来，赢得读者的共鸣。

但是，张伯驹此类有意摹仿、追求艺术性的情词特色在他与潘素结婚之后，特别是他在上海被绑架期间，才真切体会到爱情的温暖和坚毅，感受到情爱的真挚和深沉的力量。他的情词内容和风格都为之一变。

那是1941年春夏之交，张伯驹在上海突遭汪伪“76号”特工总部匪徒的绑架，潘素只身上海，多方营救，前后持续8个月，磨难重重。在关押期间，他接连写给潘素四首词。

且看其中两首。

梦还家

自度曲。难中卧病，见桂花一枝，始知秋深，感赋寄慧素

无人院宇，静阴阴，玉露湿珠树。井梧初黄，庭莎犹绿，乱虫自诉。凉宵剪烛瑶窗，记与伊人对语。而今只影飘流，念故园，在何处？想他两地两心同。比断雁离鸳，哀鸣浅渚。

近时但觉衣单，问秋深几许？病中乍见一枝花，不知是泪是雨。昨夜梦里欢娱，恨醒来，却无据。谁知万绪千思，那不眠更苦。又离家渐久还遥，梦也不如不做。

虞美人

十一月下旬，雪，接慧素信，词以寄之

野梅做蕊残冬近，归去无音信。北风摇梦客思家，又见雪花飘落似杨花。

乡书昨日传鱼素，多少伤心语。枕头斜倚到天明，一夜烛灰成泪泪成冰。

这两首才有了夫妻情爱之深的切身感受，再也不是凭空想象的了，真正成了以自己特有的言语抒写个人独特的心灵与情感。从此，张伯驹的情词就有了唯一的对向，就是只写给夫人潘素；在此后的年月里，张伯驹先后给夫人潘素写了70余首情词，感情真挚，本书后面还要谈到。

张伯驹与潘素去了西安之后，就住在西安玄风桥附近一处僻静院落。他又投资一家号为“福豫”的面粉股份有限公司，筹办了自己的秦陇实业公司，仍然过着一种上层社会的名士生活。远离了危险之地，偏安于西北，安定多了。西安当时远离抗战前线，还没有那种日日枪林弹雨的紧张气氛。所以，西安、兰州、成都等地的文化生活还是比较正常的。例如，国人看戏的情趣稍减无几。因此，张伯驹就又有了游华清池、灞桥诸名胜，登太白山脉，一览巴蜀山水的情致。饱游饫看，开阔了张伯驹词作的气象，化为他山水词成熟的大美境界。此一时期，张伯驹的词作艺术又上升到一个全新的阶段，特别是他的长调形成了雄浑、沉郁与疏隽互见的风格。

例如，写成都武侯祠的一首《扬州慢》，尤为感慨深沉。

扬州慢

武侯祠。依白石韵

丞相祠前，锦官城外，下车拜问前程。尚森森翠柏，映草色青青。似当年、纶巾羽扇，指挥若定，谁解谈兵。看江流石在，寒滩犹咽孤城。

吕伊伯仲，贯精诚、神鬼堪惊。系一发千钧，三分两代，生死交情。忍诵杜陵诗句，还空听、隔叶鹂声。正中原荆棘，沾襟来吊先生。

这首《扬州慢》，用宋代词人姜夔的原韵。词一开头，就直接点出词人是来丞相祠“拜问前程”来了。下面写景，极为简洁，只以翠柏、草色，勾起历史的回顾。“纶巾羽扇，指挥若定”，仅用8个字，概括了诸葛亮指挥三军的征战生涯和潇洒风度。“看江流石在，寒滩犹咽孤城”，用杜甫“江流石不转，遗恨失吞吴”的诗意，饱含历史沧桑和悲凉感。词的下片，赞颂诸葛亮的功绩可与吕伊媲美，其忠贞精神可以惊动鬼神。吕伊，指周朝的吕尚（姜子牙）、商朝的伊尹，都是开国贤臣。“三分两代”指蜀汉刘备、刘禅二主，此句意谓诸葛亮对汉祚的忠诚，如若“生死交情”。“诵杜陵诗句”，指杜甫《蜀相》一诗，“隔叶黄鹂”和词开头的“锦官城外”“翠柏”“草色”，都出自此诗。“正中原荆棘”，指国土正在遭受日本侵略者的蹂躏，在这样一个困难时刻来拜谒诸葛亮，不能不使人满怀悲慨，潸然泪下。词的这一后句和开头的“拜问前程”是相为呼应的。词人此时此刻最为关切的，要向诸葛亮先生求问的“前程”，乃是家国江山的命运，是抗战的前途。

张伯驹避难西行，流寓数年，凝聚在这首词中的深沉情绪，可以代表他这一时期的全部思想感怀。

张伯驹早期词中小令写得最好，但他词集中长调并不少见，艺术上也很出色，且风格亦有大气豪迈之作。

先看他在西行时期的一首。

鹧鸪天

灌县

今古浮云玉垒关，天开形胜锁丸函。一声羌笛愁杨柳，三月山城卖牡丹。

峰积雪，水翻澜，地通西域近番蛮。平原望里东南尽，两派江流下锦官。

行云流水、珠圆玉润的风格依旧不减。

张伯驹的小令学南唐、北宋，长调则倾向于学南宋，《丛碧词》中有一部分和（依）韵之作值得重视。和词比和诗难，诗主要和平声韵，词则有平有仄。张伯驹喜和古人韵，其中尤以和周清真、吴梦窗、姜白石之词为多，而这三家都是词史上最重音律者。周清真于词律更有精研，他的词作《兰陵王》是格律派的代表作。而张伯驹就有和其词的《兰陵王》。

兰陵王

金陵客。依清真韵

晚烟直，春草无人自碧。吴门外、官道夕阳，怕见青青柳丝色。红尘望故国，谁识、飘零旧客。来时路、天外片帆，不尽江流泪千尺。

萍踪问前迹，又酒剩空尊，花落残席。小楼夜雨过寒食。忆十里迢递，几番寒暖，亭长亭短又一驿。念家在天北。

悲恻，恨凝积。叹客意阑珊，归梦沉寂。芳春有尽愁无极。听卖杏深巷，唤饧长笛。寒宵孤枕，更漏断，似泪滴。

这首词，不仅是用周清真原韵，而且是次韵，即依清真词的韵次，逐句逐韵填押，用韵的次序丝毫不乱。而词作本身，依然一气呵成，且无勉强凑韵之感，可见他的才气大功力深。张伯驹的和韵词较多，例如他和姜夔的《扬州慢》《淡黄柳》《惜红衣》《角招》《暗香》《疏影》《琵琶仙》等，和吴文英的《双双燕》《秋思》《莺啼序》《金缕曲》等，和秦观的《鹊桥仙》（连和三首），和柳永的《八声甘州》，和贺方回的《青玉案》，等等。张伯驹是有意以这种方式来训练、考验、提高自己的。

冯其庸先生对张伯驹和词的功力给予高度的赞赏。他说，从伯驹的诸多和词来看，“伯老的词，确是地道的词人之词，是承唐五代及两宋格律派词人的传统，这就显得需要功力和才气”。

但也有学者认为，张伯驹学清真词并不是很成功。之后，张伯驹又改学姜夔。

据统计，《丛碧词》中收集张伯驹和白石韵有 14 首。那么，是什么原因使张伯驹对姜夔如此倾慕呢？有学者认为，首先是张伯驹对姜夔的往来皆权贵但自己终身不为官，以清高峭拗、潇洒不群、矜守的人格的期许。姜夔哪怕“贫无立锥”，也决不随波逐流，苟且媚世，而所可持守者，只有满腹诗书、一怀情操。这是张伯驹最为钦佩的。而张伯驹的一生，也成了这样的一个人。

其次是张伯驹对姜夔清雅名士及其词风的追摹。姜夔琴棋书画兼长，即使在窘迫中依然过着一种清峻的生活，而姜夔的词以咏物、怀古、记游、抒怀为主，风格上“一洗华靡，独称清绮”，而张伯驹的早期词作，无论内容上还是风格上都与姜夔词相近。姜夔对诗词创作有一种“自然高妙”的主张，而张伯驹也有“眼前有景道不得，能道得便是好词”的看法，他们的文学趣味颇为相似。

张伯驹有一首词《淡黄柳》，可看出其受姜夔词影响很大。

淡黄柳

垂杨岸曲，路入飞花陌。小雨轻阴寒恻恻。旧侣今番又到，惟有春风笑相识。

念孤寂，他乡几寒食。掩苔径，那家宅，正桃红染尽胭脂色。莫倚桥栏，近来人瘦，怕照春波影碧。

张伯驹又通过对吴文英、周密词的学习，他的长调带上了一种绵密曲折、惊艳深挚的色调，用词及风格大异于他的小令。

但这一时期，张伯驹也有豪放词风的作品出现，例如《望海潮》一首，上片写道：“鲸波吞日，蛟涎吹雾，滔天势欲横流。鼍鼓地摇，神旗电闪，萧萧万马惊秋。飞雨卷齐州。看黑风水立，白浪山浮。海表苍茫，微身一粟梦蜉蝣。”

以豪放论词，始于苏轼。他的词皆写得境界壮阔，气势恢宏，力度非凡，充满豪迈激情。豪放词的作者多是英雄豪杰、仁人志士，他们积极有为，关注现实，忧国忧民，洞察人生。豪放词题材广泛，多从时事的角度描写国家兴衰、民族存亡。豪放词写景大笔勾勒，朴实明快，不用辞藻，在情感表达上则直抒胸臆，豪气十足，让人为之震撼和感动。张伯驹也曾是一个“当筵看剑”的军人，也想干一番振兴国家的事业，只是看到旧军队的腐败，深感无可奈何，难有作为，但抗日战争时期，他看到山河破碎，同样激愤难抑。

在另一首词中，气魄同样令人震撼。

六州歌头

登黄山天都峰绝顶

擎天拔地，声势走雷霆，俯台荡，睨衡岱，摘辰星，接通明。造化融元气，钟神秀，东南坼，撑半壁，排云雾，划昏暝。翼翼乘风，直上四天外，极望蒙溟。看银涛出没，长啸万峰青。岩壑齐鸣。暗魂惊。

渐流霞灿，残烟断，斜晖晚，月华生。收万象，归神照，证飞升，缅容成。来日方多难，悯虫劫，吊愚氓。巢燕幕，酣龙战，竞蛮争。依恋每瞻北斗，铜驼泣、荆棘神京。欲呼河汉水，一为洗膻腥，寰宇澄清。

雄杰之气，忧国之怀，跃然纸上。有学者评张伯驹这两首词“遣词用句，惊神泣鬼，东坡、稼轩也不过如此”。由此可见，婉约与豪放之间并没有不可逾越的鸿沟。

总之，张伯驹西安避祸前后的十余年间，其早期词作完成了由偏重追求艺术华美向思想、情感、艺术风格等更加厚重、沉郁和深挚的方向转变。《丛碧词》曾于1938年刻印刊行过。1951年，此书再以铅印本刊行时，就增加了这一时期的词作，同时对1938年本作了删节和改动。

第三章

“万紫千红”“一庭新绿”

（1946—1956）

一

“繁华几日，便说到西风消息”

——迁入迁出承泽园

1944 年，张伯驹创办的秦陇实业公司因流动资金短缺，不得不自行结束。从根本上说，张伯驹不是一个商人，生意的赔赚，他都看得很淡。在商海中处变不惊，也是少有。

1945 年 8 月，张伯驹终于结束了蛰居西安的日子，回到了北平。生活还没安定下来，就接到他的旧交、此时正是国民党第十一战区司令长官兼河北省政府主席孙连仲的邀请，观礼在北平故宫太和殿举行的日军投降仪式。仪式之后，孙连仲又找到了张伯驹，告诉他蒋介石亲嘱孙连仲可亲自挑选任命石家庄市和唐山市市长。孙连仲让张伯驹自选一个市长，不料张伯驹淡淡一笑：“小弟最怕名缰利锁，平生只爱收藏字画，作诗、填词，实在不会做官。”孙连仲只好作罢。

1946 年，张伯驹因收购《游春图》，卖掉了弓弦胡同一处房宅，并迁居承泽园，自号“春游主人”，住宅承泽园也名为“展春园”。不久，张伯驹又受聘任华北文法学院文哲系教授、故宫博物院专门委员等职务。1949 年，又任燕京大学语文系中国艺术史名誉导师。

1948年年底，北平已被解放军包围，张伯驹又参与和平解放北平一事，不辞劳苦地奔波，对新中国的成立抱着热忱。

北平和平解放，天翻地覆，旧时代已一去不复返了，张伯驹所处的时代环境变了。但他作为一个传统学养浓厚的文人，很难完全适应新的政治形势。虽然住在西郊的承泽园中，作画填词，邀词友雅集联吟，似乎自成乐趣，其实内心并不安然。

在此期间他有两首《念奴娇》，道出了心中的隐忧：

念奴娇

韶华依旧，春来去、送尽兴亡如许。三月秦淮莺乱舞，听唱隔江商女。燕子双双，飞花点点，欲对斜阳语。降幡一片，四天烽火齐举。

谁问涕泪新亭？天涯芳草，歧路伤行旅。剩水残山余画稿，难忘离宫禾黍。金剑沉埋，琼枝销歇，惟有愁长伫。黯然王气，几能禁得风雨。

念奴娇

杜鹃声里，惜芳菲、又减新来情力。愁梦一场春事了，惟有书昼阴长日。风拂鸣琴，月窥吟烛，触景全非昔。旧时游宴，剩看池水凝碧。

曾记白练听歌，青衫涴泪，憔悴京华客。陵谷几经朝市换，残弈浑难收拾。对酒伤多，登楼望远，烟树沉沉黑。平芜尽处，夕阳独恋山额。

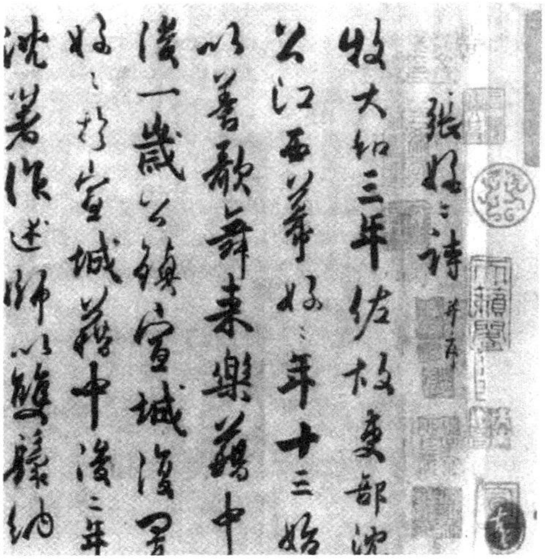
杜牧《张好好诗》卷

张伯驹闭门静养，还在默默地从事着自己热爱的艺术事业，特别是此时一件书法作品的收藏，又使他沉浸在文人的欣喜与感慨之中。

1950年，张伯驹以5000元人民币收购了杜牧的《张好好诗》卷。晚唐诗人杜牧的这件书法作品，写的是赠给其所喜爱的女子张好好的一首五言长诗，是一件诗书兼美的杰作。他得到此件书法珍品后，“每夜眠置枕旁，如此数日，始藏贮箧中”，随后并将所填的一首词题于卷尾。

扬州慢

题杜牧之赠张好好诗墨迹卷

秋碧传真，戏鸿留影，黛螺写出温柔。喜珊瑚网得，算筑屋难酬。早惊见、人间尤物，洛阳重遇，遮面还羞。等天涯迟暮，琵琶湓浦江头。

盛元法曲，记当时，诗酒狂游。想落魄江湖，三生薄幸，一段风流。我亦五陵年少，如今是、梦醒青楼。奈腰缠输尽，空思骑鹤扬州。

词意从杜牧的书法写起，“秋碧”指秋天的澄碧晴空，“戏鸿”即“飞鸿戏海”，“黛螺”是美人画眉的意思。以这些意象，表示墨迹的意气澄澹、飘逸和温丽。接着写自己获得这一宝物的感受，“珊瑚网”喻搜罗珠宝之不易，“筑屋”含有“金屋藏娇”之意。“人间尤物”指才色俱佳的张好好，从“惊见”至“重遇”略述杜牧与张好好故事。接着联想到白居易的《琵琶行》。因为杜牧诗的结尾句“洒尽满襟泪，短歌聊一书”，与白居易名句“座中泣下谁最多，江州司马青衫湿”恰好含意相似。

词的下片，是词人回首自身的经历和感怀。张伯驹想起自己青年时代，也曾“诗酒狂游”，也曾有“一段风流”，到头来也便如杜牧一样，只留得“薄幸”名了，悲叹身世的情感浮上心来。寓真先生在解释这首词时说，“奈腰缠输尽”是全词的“眼”，百感千绪都凝结在“输尽”二字上。他感慨一生输尽的，主要不是指钱财，却也包含着经济上业已由富而贫，真的“腰缠输尽”了。

到了 1954 年，张伯驹又有《瑞鹤仙》一词，追怀张好好故事，感慨自己“也迟暮飘零”。

瑞鹤仙

洛阳张好好，也迟暮飘零，琵琶羞抱。清波倚栏照，似依稀相认，者般人老。风流侧帽，算空忆、承平年少。问前游、几换东风，白发乱生春草。

休恼。梅花候我，勒住春寒，残妆犹俏。来迟去早，愁遮住，断桥道。看百年往事，湖山无恙，只是春婆梦窅。又回头、人海长安，债尘未了。

张伯驹一生收藏书画很多，但很少为书画题词，即便像《平复帖》和《游春图》，也不曾题诗，因此，他为《张好好诗》卷题写的词，在其诗词创作史上，是有其特殊意义的。

1950 年，张伯驹有一首《金缕曲》，有助于了解这一时期他的思想情绪，值得一读。

金缕曲

金粉南唐绪。十年来、延秋衣钵，展春旗鼓。多少缠绵兰荃意，半是伤心泪语。怜我辈、情怀最苦。到死春蚕丝方尽，枉雕琼镂玉终何补。长更是，招人妒。

江山几换谁为主。但满眼、粘天芳草，飞花飘絮。看遍人间兴亡事，惟有啼莺解诉。算身世、斜阳今古。真幻难明氍毹梦，破樱桃、生怕歌樊素。只风月，还如故。

寓真先生 2013 年出版《张伯驹身世钩沉》一书。在这本书中，他在做历史评判的同时，更为深刻地揭示了张伯驹的内心世界、人生境界与精神品格。对张伯驹的人品和词作，都给予很高的评价，对张伯驹的这首词，也作出了深刻的解读。他说，伯驹此词，一开笔就想到南唐后主，便决定了全词以感叹兴亡、伤悲身世为基调。“十年来”是个大约数，是从他上海落难，西安避祸，又回到北京说起，这正是改朝换代、社会激变的时期。“怜我辈、情怀最苦”，不仅是指自己，也由己及人，包括了词社的同仁，也代表了当年的许多知识分子。这些人总抱着善良美好的愿望，即所谓“缠绵兰荃意”；却只会雕琢诗词文字，即所谓“雕琼镂玉”。而对于社会的急剧变化，一时难以适应，常感到“半是伤心泪语”。

词的下片，直接道出了“江山几换谁为主”“看遍人间兴亡事”。这时正是新中国成立的第二年，当时报刊上的新诗作品，全是一片欢呼的声音。他们还不适应新社会的新生活、新观念、新文化，“飞花飘絮”。

“真幻难明氍毹梦”，句中的“氍毹”指舞台、演戏，词人感到世事变化似唱戏、似梦幻。樊素是唐代白居易的歌伎。词人“生怕歌樊素”，是因为想起过去歌舞逍遥的生活，便会有伤感情绪，所以不愿再触动回忆。“只风月，还如故”，整个社会发生了预想不到的彻底变化，现在只剩下风和月还是原来的样子。或者说，词人吟风弄月的兴味不减。

但张伯驹的其他词中也有“万紫千红，都过眼、换了一庭新绿”(《念奴娇·春暮夜雨》)的句子。

1954 年，张伯驹成为北京市政协委员，得到每月 120 元的薪酬，这标志他的政治身份变化或者说在政治上已融入了新社会。

但身份的变化，与思想感情的变化并不是完全同步的。寓真先生说:“那种熔铸到骨子里的志节操守，那种读书人的德性修养和雅怀逸抱，亦即是一种文化性格，甚至是永远不能改变的。”张伯驹在离开承泽园之前所填的一首词中写道:“繁华几日，便说到、西风消息。”就让人感到其中似有双关的情味。

这首词是《瑶华》，副题云:“承泽园将易主，时荷花盛开，邀词集同人欣赏。”词为:

一花一叶，绿意红情，是人间空色。轻房密盖，曾覆护、波底鸳鸯双翼。繁华几日，便说到、西风消息。算自来、苦在秋心，识得许多炎热。

朱门屡换衣冠，剩歌舞楼台，池头凝碧。蓬瀛旧侣，回首处、觅梦又成今昔。何须是主，趁雨夕、续欢顷刻。看此身、天地浮鸥，为问谁人非客。

寓真先生对这首词的解释及对张伯驹其时思想情绪和文化情怀也都做了鞭辟入里的分析，令人信服。他说：

这首词并不难解,满篇流溢着对这处园宅的怀恋。巧在以“波底鸳鸯”比喻夫妇在这里度过的安恬日月。接下来便是感叹繁华短暂，西风到来，往事成梦，不胜其苦。最后说：管他还是不是主人了，就让我们趁这下雨的夜晚，继续欢娱这可贵的时刻吧！看来人生都不过是天地间飘飞的鸥鸟，谁不是来世上做一次客人呢！这是词人的自我宽慰。

张伯驹对文化艺术的嗜好，一是倚声填词，二是氍毹戏文，三是书画鉴赏。这些都是浸入血肉里边的东西，从年轻的时候进入这种境界，一生再也走脱不出来的。即使这些“旧文化”不为新社会所欢迎，他也无法放弃。

总之，这一时期是张伯驹在新旧时期转换之际的一个过渡时期，无论他的思想还是词作，都处于一种徘徊状态。这一时期他的词作多为长调,轻灵欢快的小令不易见了。在艺术风格上,则是更加绵密曲折、沉郁工稳，可以看出他的费心构思、巧妙安排，句法章法严谨，但没有更加引人注目的特色，还没有达到一个更高的境界。

二

“交期论，在形骸外，心酒同倾”

——结缘周汝昌

“想此心、早到京华，飞过水千山万”。这是1953年春节前夕，张伯驹写给时在成都教书的周汝昌一首词中的最后一句。前面还有一句“芙蓉江上，望云树、如遮重幔”。这一句是说张伯驹望穿云烟，思念周汝昌。“飞过水千山万”则是说周汝昌之心也一样是“早到京华，飞过水千山万”的。由此足见二人友情的深厚。到了晚年，张伯驹又有“交期论，在形骸外，心酒同倾”，来形容他和周汝昌的交流和情谊。

不错，词坛大家张伯驹与红学泰斗周汝昌的交往史迹，于张，于周，于词史，于红学，都是极有意义的。

1948年秋，张伯驹在燕京大学中文系楼上举办小型展览，展出了自己一生珍藏的书画精品。周汝昌其时正在燕大读书，闻听展品中有曹寅的《楝亭图》，立时赶去观看。只见大玻璃柜中展出了巨轴的一小段。墙上则悬有纳兰性德的小照，彩色立幅。又见其四周绫边上，名字题咏，已无隙地。这当中首先是藏主张伯驹的《贺新郎》，词句中涉及了红学旧说贾宝玉即纳兰性德。于是，周汝昌一时乘兴，步韵连和了两三首，每句下都有细注，都是讲曹家的史迹事实。张伯驹看了非常惊喜，少年学子（张伯驹比周汝昌大 20 岁）文笔不差。从此，张伯驹与周汝昌开始了交往。

其时，张伯驹所住的展春园位于海淀畅春园的稍西北，而燕京大学校门正对畅春园故址，当时已废为一方菜圃。因此，过苑旧址，向西行，过小溪，穿田野，不远就是展春园。于是，每日下午，周汝昌都去张伯驹家里坐坐，因为那里是书画之府、丝竹之乡。入厅后，周汝昌便自寻座。因为熟了，宾主常是不交一言，视同家人，亦无俗礼。宾主双方就这样相互信任，超脱世俗，全以坦荡相待。遇到佳节或世态炎凉，张伯驹则感慨万分，周汝昌便到他家展春园作伴，直到午夜仍不忍散去；周汝昌要回学校，张伯驹又送他到校门方回。

认识周汝昌后，张伯驹就把自己刊行的《丛碧词》送给周汝昌一册。周汝昌读后，非常赞赏，但也在音律上提出了 70 多处意见，本以为他会不高兴的，不料张伯驹竟一一从善如流。这样的事，在古人中也是难得有之的，因此，周汝昌越发钦佩张伯驹的雅量，张伯驹更把周汝昌引为知音。此后凡有词作，必送周汝昌。周汝昌看时，张伯驹就两眼全神贯注地看周汝昌读词时的“面部表情”。

有一天，很早的清晨，张伯驹来到燕大学生宿舍，找到周汝昌，满怀兴致地递给周汝昌一张花笺。打开看时，是一首《扬州慢》，是题咏杜牧的《张好好诗》卷的词作，请周汝昌先睹为快并赐和作。周汝昌很快步韵奉和了一首，也信步送去。

1951 年暮春，张伯驹填了一首词《风入松》，是写周汝昌天津咸水沽老家旧日园林的，即周家的爽秋楼等老屋故居。

风入松

门前春水长鱼虾，帆影夕阳斜。故家堂构遗基在，尚百年、乔木栖鸦。寂寞诗书事业，沉沦渔钓生涯。

只今地变并人遐，旧梦溯蒹葭。名园天下关兴废，算只余、海浪淘沙。不见当时绿野，也成明日黄花。

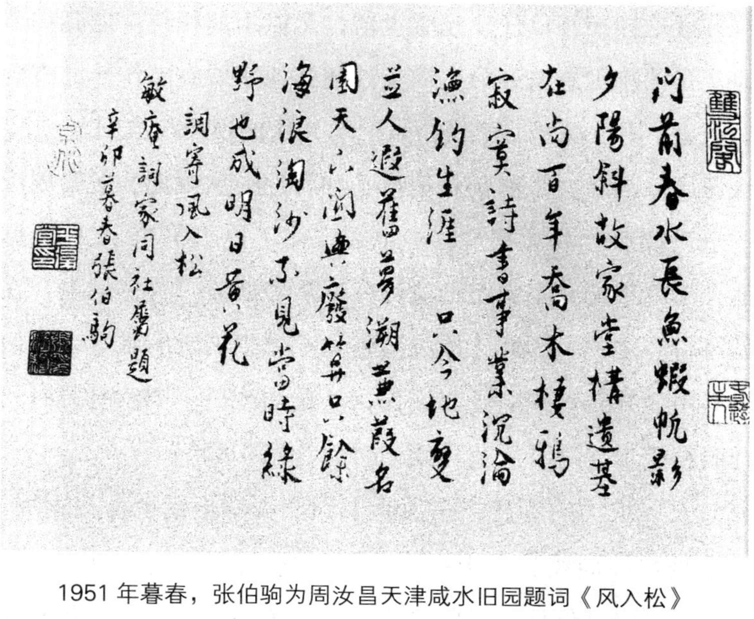

1951 年暮春，张伯驹为周汝昌天津咸水旧园题词《风入松》

1952 年春末，周汝昌离开燕大去成都华西大学任教。在离京前，张伯驹特别邀请了一些文人墨客，聚会开社填词，为周汝昌饯行。而当周汝昌踏上赴川之途，思念之情同样挥之不去，于广元路途即写下了一首寄怀张伯驹的《临江仙》。

临江仙

千水千山驿路，此情此日都经，重吟好句忆交情，展春花月在，一盏与谁倾。

大地皆堪逆旅，寸心要契神形，客途未倦短长亭，可知西去语，双眼有谁青。

周汝昌到了成都后，与张伯驹仍然鱼雁往还，诗词唱和不断。1953 年春节前夕，周汝昌独坐守岁，写下了《东风第一枝》，寄给张伯驹。张伯驹马上和词寄给周汝昌。

东风第一枝

敏庵锦城除夕韵

爆竹催春，灯花送夕，一家千里孤馆。故乡梦阻关河，异客情分冰炭。牵衣儿女，尚未解、长安萦念。听隔邻、彻夜欢声，争羡酒香炉暖。

雪初霁、梅英照眼。风不冷、柳丝掠面。桃符都换新楣，燕巢还寻旧苑。芙蓉江上，望云树、如遮重幔。想此心、早到京华，飞过水千山万。

1954 年春末，周汝昌奉调回京。老友重逢，张伯驹自然十分高兴，又填词《人月圆》，词序云：“甲午中秋，敏庵举家自蜀返，而正刚去津。余聚后归家，更独赏月，有作。”

人月圆

恒河沙数星辰绕，一月在中天。婆娑无影，山河不动，万象清寒。

蚕丛客返，津桥人去，各自团圆。我身弹指，光明长在，盈昃随缘。

再说1953年秋，周汝昌第一部红学著作《红楼梦新证》出版，他首先寄呈一部给张伯驹。张伯驹欣喜异常，逢人说项。以后出增订新版，张伯驹再次填词祝贺，并书为条幅，郑重相赠，一片热情，溢于笔墨之外。

潇湘夜雨

丝藕萦心，砚冰滴泪，脂红写尽酸辛。可怜儿女此天真。生死误、多情种子，身世似、亡国词人。江南梦，楝花落处，已是残春。

千年哀史，曲终不见，弦断犹闻。有庾郎才笔，独为传神。辞绝妙、还猜幼妇，文捭阖更起新军。看坛坫、声华藉甚，鹰隼出风尘。

把周汝昌写《红楼梦新证》比作“庾郎才笔，独为传神”，即南北朝时著名的诗人庾信。此书的出版奠定了周汝昌红学史上的崇高地位。

所谓“看坛坫、声华藉甚，鹰隼出风尘”，周汝昌横空出世，此后确是数十年红学风雨中搏击长空的一只苍劲的“鹰隼”。

张伯驹不仅擅长写小令，而且将小令的写法融入长调的创作中，以幽微婉转、优雅醇正的风格丰富了词的内涵，提高了词的品格，这两首词就是很好的证明。

流落日本的所谓“三六桥本”《红楼梦》，是红学史上的一桩奇案。而关于“三六桥本”的信息，正是张伯驹向周汝昌通报的，那还是20世纪70年代的“文革”时期，周汝昌曾回忆说：“有一年的重阳节，他来信特将‘三六桥本’石头记珍本的消息与情况写示于我，因此，还各赋《风入松》新词叠韵唱和。”

张伯驹还有两首词记录了与周汝昌的红学因缘。这里再引其中一首吧。

风入松

和邦达答玉言嘱画《黄叶村著书图》

写来黄叶两图同，秋意笔偏浓。满林霜色斜阳外，似当时、脂面颜容。玉骨灯前瘦影，金声树里寒风。

是真是幻已全空，难比后凋松。千年窃得情人泪，病相怜、愿步前踪。都是一场痴梦，绵绵留恨无穷。

在这里作一个说明，“邦达”即徐邦达，这里的“玉言”和前文所道的“敏庵”，都是指周汝昌。

张伯驹与周汝昌的交谊终其一生。在张伯驹80高龄时，周汝昌年方60岁，张伯驹却特意约请好友为周汝昌祝寿，写下了一首《八声甘州》。

八声甘州

忆前游，勺水米家园，遭逢话燕京。算书城学海，春风桃李，有梦如醒。回首金汤无恙，朝市换公卿。掩映西山路，柳暗花明。

周甲添筹忽届，看上头雪满，皱面池凝。写红楼情境，意致想平生。任长教，江河浩荡，但石坚，玉粹总相仍。交期论，在形骸外，心酒同倾。

张伯驹与周汝昌的唱和之作颇多，可看作张伯驹词作中的一个品类，从中可看出张伯驹友情赠答词的特点。他们的交往已成为红学史上的一段佳话。

三

“词一叠，酒三巡，这时未醉已销魂”

——词人之词《丛碧词》

张伯驹自 30 岁（1927 年）始致力于词作，到他 57 岁（1954 年）历时 20 多年，是他的前期之作，集为《丛碧词》。

著名学者邓云乡先生曾在《文化古城旧事》一书中说：我有一本原刻本张伯驹先生的《丛碧词》。这本书是白绵纸印的，仿宋大字刻本……瓷青纸书衣，双股粗丝线装订，扉页是傅增湘题“丛碧词”三字，后面是夏仁虎老先生的序，再后是郭则沄老先生的序，都写于“戊寅年”即一九三八年……书很漂亮，古色古香的一本书。

这是《丛碧词》最早的刊本，到了 1951 年，有了铅印本，再到 1954 年，《丛碧词》才最后定型。

《丛碧词》既展现张伯驹的少年才华，又展现他前期词作功力。这部词集于 1951 年铅字本印刷并增订排印时，周汝昌便为该书写了跋文。其中提出：“如以词人之词而论（有别于诗人之词、文人之词、学人之词、杂流之词），则中国词史当以李后主为首，而以先生为殿——在他之后，恐怕不易再产生这样真正的词人之词了。”此语一出，当时文坛上正如周汝昌所说："众老先生闻之，颇讶狂言，不无讥议。"但周汝昌坚持认为，其论点是从学术、文艺上从公论断，对事而非对人，并无丝毫阿谀献颂之心，绝无扬张抑李之意……

那么，何为"词人之词"呢？词评家谢燕认为，称张伯驹的词为词人之词，更多的可能是从作者身份与艺术风格上着眼。在近现代词史上，词人的身份各有不同，反映在词作上也各有特色。最多是学人之词，纳其学养，多古雅工稳，如夏承焘、龙榆生、詹安泰等；也有革命家之词，显其胸襟抱负，多豪迈雄壮，如毛泽东、陈毅、秋瑾等；有高层政要之词，词风峻迈而时发议论，如章士钊、柳亚子等。但像张伯驹那样无明确的社会身份，真正以艺术为生命，写词仅是日常情绪之记录，个人感情之寄托的词人之词则很少。张伯驹之词为词人之词……着眼的是他纯净清明的词心，婉约白描一任心灵之声流淌的词风，及其词中体现的与李煜、晏殊、晏几道、欧阳修相近的晚唐风韵。张伯驹词最突出的特点是人与词的合一。

这一段话是颇有道理的，也很形象。周汝昌也说过："欲识先生之词，宜先识先生其人。词如其人，信而可征。"

他还说："我重先生，并不因为他是盛名的贵公子，富饶的收藏家，等等。一见之下，即觉其与世俗不同，无俗容，无俗礼，讷讷如不能言，一切皆出以自然直率。其人重情，以艺术为性命。伉爽而无粗豪气，儒雅而无头巾气。当其以为可行，不顾世人非笑。不常见其手执卷册，而腹笥渊然，经史子集，皆有心得，然于词绝少掉书袋。即此数端，虽不足以尽其为人，也可略觇风度了。因此之故，他作词，绝不小巧尖新，浮艳藻绘；绝不逞才使气，成器喧呼；绝不饾饤堆砌，造作矫揉，性情重而气质厚。品所以居上，非可假借者也，余以是重其人，爱其词。"

周汝昌这段话，鲜明形象地道出了张伯驹词人的特点。

那么，《丛碧词》艺术特色在哪里呢？周汝昌先生认为：“伯驹先生的词，风致高而不俗，气味醇而不薄之外，更得一‘整’字。”这是周汝昌对其词总的评价。他又对“整”字作了生动的解释：“何谓整？本是人工填作也，而竟似天成；非无一二草率也，然终无败笔。此盖天赋与功力，至厚至深，故非扭捏堆垛、败阕百出者之所能望其万一。如以古人为比，则李后主、晏小山、柳三变、秦少游，以及清代之成容若，庶乎近之。这种比拟，是论人之气质，词之风调，而不涉乎其人的身份经历之异同……古往今来，倚声填句者岂止万千，而词人之词屈指可数，以是义而衡量先生之词……”

但也有学者指出，张伯驹的词在格律上谈不上特别工整，在技巧上也没有多少超越前人的创建，但胜在浑然天成，成功地营造了富有诗意的意境，真诚地袒露了一个词人的内心。

也有人说，张伯驹词的另一表现形式就是韵律谐美。张伯驹精通音韵，词中充满音乐的律动感和灵性，乃其词深厚的基本。正是这种超越侪辈文学和音乐的双重才能，使其词气象典雅，音律谐美。

如果概括对张伯驹《丛碧词》的各种评价，可以说，这部集子最突出的艺术特色为：第一是自然直率，直写观感，意象典雅。张伯驹的词作都是由自己的直接感受出发，大胆抒写，无拘无束，使词中的情事、景物都呈现在读者眼前，作者那种大胆地、毫无掩饰地直抒胸臆，使人有一种特别新鲜的感受。第二是形象性很强，善于塑造真实生动的形象。写人物的心理活动，写人生的感受，写自己的哀愁等抽象的东西，几乎无不通过具体形象显示出来，这就使他的作品具有更加浓厚的艺术趣味和更加感人的艺术魅力，恰似一江春水向东流，毫无阻拦。第三是艺术语言的创造性和生动口语的运用。作者的语言如行云流水，珠圆玉润，节奏轻快，单纯明净，风格婉约。这是作者语言独有风格的一种最明朗的标志，似作者随口诵出，却是一种锻炼加工的结果。第四是题材多样。这是诸多学人都意识到的一个突出特点。

因词人足迹遍大江南北，所到之处无不吟咏填词。咏物词、游览词、节序词、题画词、怀古词、和韵词等种类繁多。仅以咏物词来说，他咏春雪、咏新燕、咏牡丹、咏芍药、咏桂花、咏荷花、咏玉兰、咏海棠，无物不可以入词。即使在吟咏名物这样窄小纤细的空间里，张伯驹兴亡的寄托与时间的穷迫，依然分明、耀眼。例如：他咏槐花，“那似杨花轻薄，差比桂栗堆积。看万家烟雨，密密濛濛，一天黄雪”；他咏牵牛花，“冷淡秋花，自整霜容，不逐东风媚春悦”；他吟咏蓼花一首，也是清艳惊人，“映渔灯，点胭脂冷艳，红上采莲舲”。

张伯驹主张应从日常生活、景物中取材，而不是从书本、学问中找灵感，以寻常语、本色白描为佳，以纠“学人之词”常有的用典连篇、饾饤雕饰之弊，追求词的一种自然神韵，尤忌刻意为曲折。这是张伯驹对词作的基本要求，也是他创作的特色。

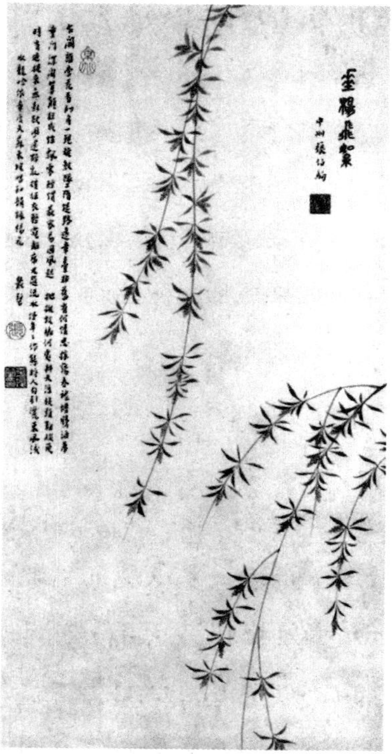
张伯驹绘《垂杨飞絮》

著名文物专家史树青先生也说过：“张伯驹先生是位大藏家，更是大词人，堪称词坛奇才。不论春日的梅开、鸟啼，夏天蝉鸣、虫叫，秋初白露、红叶，冬季霜冻、雪飘，触景生情，即兴吟唱，既合韵律，又十分切题，令人惊讶叫绝。不论是世间的喜怒哀乐，还是冷暖人生，更是情感所至，张口即出，挥毫即来。”

有人把他的这种才能概括为：“阅世千尘，胸填万感，感物而鸣，自谐律吕。”

但也有人说，他的词写大事件、发大感慨的作品不多；又说，张伯驹长于抒情，但多为个人之情。这种情况在《丛碧词》中不能说一点没有。但这种现象主要是因此类词为各种题材的大量词作所掩，不太为人注意了。辛弃疾、欧阳修等勤于事功，忧国忧民之词自然多了起来。张伯驹主要从事艺术方面的创作与研究，描写大事件，并非其长。

施议对先生这样评价道：“伯驹以艺术为生命，其词重情性，重气质，一切皆出以自然真率，甚是本色当行。其《丛碧词》集三十至五十二岁所作为一卷……”

著名文人郭则沄在《丛碧词·序》中说：“秉质玉粹，宅性春瀜。取怀而出，靡尚雕镌。感物而鸣，自谐律吕。”

总之，《丛碧词》不仅是张伯驹婉约词作风格突出的作品，也是中国近现代词坛的优秀成果，是中国近现代婉约词作较高水平的代表作之一，从一个方面反映了中国近现代词作的面貌。

四

“浊世人皆遭白眼，边城秋不见黄花”
——诗钟圣手

什么是诗钟呢？诗钟属于中国韵文的一种，也是一种特殊形式的诗，很像七言律诗中的一联。诗钟主要有两种格式。一是分咏格，要求在上下联分咏出毫不相干的两件事物；二是嵌字格，要求在上下联指定位置嵌上毫无相关的两个字或多个字，如张伯驹作的“魂·象”六唱：“萍末风来群象动；梦边秋入一魂凉。”“魂”“象”都在第六字，称为“六唱”。

打诗钟是一种限时吟出诗文的游戏，即在铜盘之上悬一根丝线，下系铜钱一枚，挨丝线横置线香一根，烧到丝线时，线断钱落，发出的响声如同敲钟。

张伯驹的词作天赋，也极大地在诗钟方面显示出来，其出奇卓绝的才思简直是不可思议的。1956 年，新中国安定祥和，文化园地欣欣向荣，张伯驹的一篇文章《饭后诗钟分咏》记述了当时“打诗钟”的情形。他写道：“岁己未，余倡为饭后诗钟集，专为分咏诗钟，参与者有夏枝巢、章行严……诸人，每月一集，多在季迟及余家，每集五题至六题，每题作二联至三联，先七日示题，收稿汇印，聚饮评唱，亦有趣致之作。如分咏‘阮籍·重阳’：浊世人皆遭白眼；边城秋不见黄花。”

阮籍，三国时魏国诗人，名气很大。他不经常说话，却常用“白眼”“青眼”看人。对待讨厌的人，用白眼；对待喜欢的人，用青眼。所以说“浊世人皆遭白眼”是咏阮籍的。“边城秋不见黄花”自然是咏重阳的，重阳时菊花盛开。

张伯驹还有很多耐人寻味、充满智慧幽默、颇为精彩的分咏诗钟：

“废园”“月份牌”

主人不在花常在；
世事何时是了时。
——集钱起、张继句

“落叶”“附马”

昨夜秋风今夜雨；
一人女婿万人怜。
——集卢纶句

“旖旎花间推领袖；模棱世上似衣冠。”这副联语是分咏“温飞卿”和“蝙蝠”的，非常形象、贴切。温庭筠（约812—约866），字飞卿，在中国词史上享有很高的地位，是花间词派的代表词家。“旖旎”就是形容“花间词”的。至于“模棱世上似衣冠”很明显是咏蝙蝠的，有趣之处并不在于蝙蝠既像飞鸟又是哺乳动物，而在于“似衣冠”，讽刺蝙蝠装模作样、一本正经。这句话其实也是讽刺某种人的，令人会意而笑。

由此可见，诗钟虽是游戏，却是一种大智慧、大学问，是各种知识、学识的积累和灵感的突发，是极为精练的诗词佳联，给人以艺术的展示和生活的娱乐。

对于张伯驹诗钟的才华，马大勇在《诗词课》一书中写道：“无论数量还是质量，我认为张伯驹是能称‘一代之雄’的，他的集句分咏格可谓佳制纷披，当世无敌。”

第四章

“泪帕啼笺”“绵绵长恨”

（1956—1965）

一

“啼笑皆非马思远，中州断送老词人”

——沦为“右派”

张伯驹的《丛碧词》收入了他自1927年至1954年间的词。他的第二部《春游词》则收入了他1961年至1965年间的词。那么，1955年至1960年之间，张伯驹的词作为什么会出现了空白呢？这就需要我们弄清张伯驹在这几年间的经历。

从1949年10月开始，中国的历史进入了一个天翻地覆的崭新阶段。在政治上，1951年开始批判资产阶级思想，掀起资产阶级知识分子改造运动；1952年，开展“三反”“五反”运动；1954年，开始对胡适思想展开批判，接着是对胡风文艺思想的批判；1955年，推进资本主义工商业的社会主义改造，1956年基本完成社会主义改造；1957年，全党整风和反右派斗争开始。

在这一系列社会变革中，张伯驹作为一个传统学养浓厚的文人，很难完全适应新的政治形势。他一面眷怀着以往的生活方式，另一面也在努力跟进新的形势，尽管他愿意积极靠近政府，成为社会主义的新人，然而他在文化上长期形成的观念和见识，并不会很快融入新社会的潮流之中。

但张伯驹还是做了积极的行动，争取适应新的社会环境。第一件事，到1954年，他就与盐业银行、西安的福豫面粉公司脱离了关系；第二件事，鉴于新婚姻法的颁布，与王韵缃离婚，也解决了家庭纠葛。可以说这些事情的解决，对他的思想和情绪都是一种解脱。然而，他的情绪仍然有些低沉。

《丛碧词》中近尾处有一组《鹧鸪天·春感》，其中一首尤引人注意。

鹧鸪天

春感

小巷垂杨日闭门，恹恹情绪独黄昏。新春纵有重三月，旧侣曾无一两人。

歌歇拍，酒空尊，落花都化梦如尘。莫愁魂为啼鹃断，不待鹃啼也断魂。

依旧是自然神韵，但情绪是极为伤感迷惘的。这首词不分上下片，写景、叙事、抒情都是交织在一起的，可见词人心情、处境之复杂，特别是最后两句，尤为警策动人。一般词作，都云杜鹃啼血，闻之心碎，现在词人不等闻听鹃声，魂魄已断，可见词人对自身生活和前景的困惑与悲观。

冬去春来，又是一片新绿。来年便是1956年。这一年，张伯驹做出了一件前无古人、后无来者的惊天壮举——捐出《平复帖》等8件文物珍品。起因是1956年年初，国家为了加快经济建设，决定发行公债。张伯驹所在的文化部也开了会，动员大家购买公债。

不久，北京市民政局又召集了一些各界知名人士召开座谈会，仍是提倡自愿购买公债，但会上点了张伯驹的名，动员他买公债，他却涨红了脸，因为屡收宋元巨迹，他已经没有钱了，但别人仍然认为他四大公子嘛，应该是有钱的。

回到家里，他就和夫人潘素商量买公债的事，商量的结果就是卖字画，买公债。为什么又变成捐献了呢？

对于文物，张伯驹珍视的不是金钱，他珍视的是其艺术价值及世传有绪，永远为中华民族所拥有。这是他一贯的对文物收藏的认知，国家至上的高尚情怀。他曾说过，他所藏主要珍品，遇人民爱戴、政治清明之政府，应不以自珍，捐归公有。

此时，正逢其时，他们最终还是选择了捐献。

一天，张伯驹夫妇携书画珍品来到文化部，接待他们的仍是郑振铎。

1956 年，文化部颁发给张伯驹夫妇的“褒奖状”

张伯驹捐献 8 件文物后，文化部向其郑重颁发了由部长沈雁冰签发的褒奖状：

张伯驹、潘素先生将所藏晋陆机平复帖卷，唐杜牧之张好好诗卷，宋范仲淹道服赞卷，蔡襄自书诗册，黄庭坚草书卷等珍贵法书共八件捐献国家，化私为公，足资楷式，特予褒扬。

部长　沈雁冰

一九五六年七月

从此，张伯驹的捐献壮举为世人所景仰，在今天收藏文物渐热、一夜可成巨富的年代，人们对张伯驹的空前绝后之举更是推崇备至，认为其思想和情怀光芒万丈，永不消失。因此，提起张伯驹，也是首先赞扬他是一个伟大的文物收藏家，以至于张伯驹的词名为文物收藏之名所掩。

可惜的是，就在张伯驹捐出珍贵的8件文物还不到一年的时候，他居然被打成了“反党、反社会主义”的“右派”。

对于张伯驹把如此珍贵的文物捐给国家，不久却被打成“右派”之事，人们的评论和感慨很多，但最有代表性的还是冯其庸先生的一段话，令人读之动容，有椎心泣血、天地悲壮之感，他在《旷世奇人张伯驹》一文中说：

> 张伯驹先生在集藏这许多书画珍宝的过程中，历尽艰难，变卖房屋还是小事，还经历了绑票撕票的凶险，但当此生死关头，张伯老竟置自己的生死于度外，反而嘱咐潘夫人：宁死魔窟，决不许变卖所藏古代书画赎身！这是两句铁骨铮铮，掷地有声的话。我每次读到这两句话，总觉如读《正气歌》，一种大义凛然，豪气贯空，不向邪恶势力低头的浩然正气令人肃然起敬。然而，张伯老用自己性命保护下来的这批国宝，解放以后，他却无偿地捐献给了国家，正是“分手脱相赠，平生一片心”。这又是一种什么样的境界！对于邪恶势力，寸步不让，一丝一毫也不给，对于自己的祖国，虽连城之宝，也可以脱手相赠，毫不芥怀，这样的浩然胸襟，这样的大气磅礴，这样的大手笔，大气魄，求之古往今来的大藏家，能有第二人吗？我深深感到张伯老境界之高，胸襟之洒脱不凡，襟期之磊落光明，举世无第二人，正是“素月分辉，

明河共影，表里俱澄澈”。遗憾的是张伯老以如此坦荡磊落的胸襟，为祖国的文化事业作出了如此无可估量的奉献，到头来，却给他一顶“右派”的帽子。

从天堂到地狱只是一步之遥。

张伯驹被打成“右派”的原因很多，譬如他说，文艺不一定都要为政治服务，可欣赏、陶冶性情等等。这句话我们现在觉得很正常，但在当时，不赞成文艺为政治服务，就是“右派”言论。

但张伯驹被打成“右派”最直接的原因还是出在他终身喜好的戏剧上。

1957 年 4 月，文化部召开了第二届全国戏曲剧目工作会议，强调在剧目工作上要“大放手”。同时，文化部又先后发出通知，开禁解放初期禁演的《探阴山》《杀子报》等 26 个剧目。

中央的这一精神让张伯驹十分高兴，他主张演出曾经被禁演的《马思远》。张伯驹主张演《马思远》，遭到北京市文化局的反对，但他心有不甘，要和文化局理论理论，最后协调的结果是大家提出先内部公演。

戏是演了，风波也就来了。

时隔不久，在反右派的狂风暴雨中，《马思远》作为坏戏受到批判，一顶“右派”帽子也随风飞来，落在张伯驹的头上。

张伯驹为此感到委屈，但不后悔。

任何不朽，都是以巨大的牺牲作为代价的。

20 年后，张伯驹在《红毹纪梦诗注》中记了这件事，他写道：

一朝天子一朝臣，舞榭歌台梦已陈。

啼笑皆非马思远，中州断送老词人。

诗后有注云：“旧历史一朝天子则有一朝之臣，一艺术之兴衰亦如是也，非天不变而道亦不变者。《马思远》为清代戏，余以支持于连泉演出，而受牵连。世换景迁，不应谈戏曲矣。”

对于张伯驹这一反右斗争中的悲剧经历，冯其庸先生曾于2008年元旦填了组《浣溪沙》，其中一首就是专谈这件事的：

绝世天真绝世痴，虎头相对亦参差。人间真个有奇儿。

拱璧连城奉祖国，弥天罪祸判当时。此冤只有落花知。

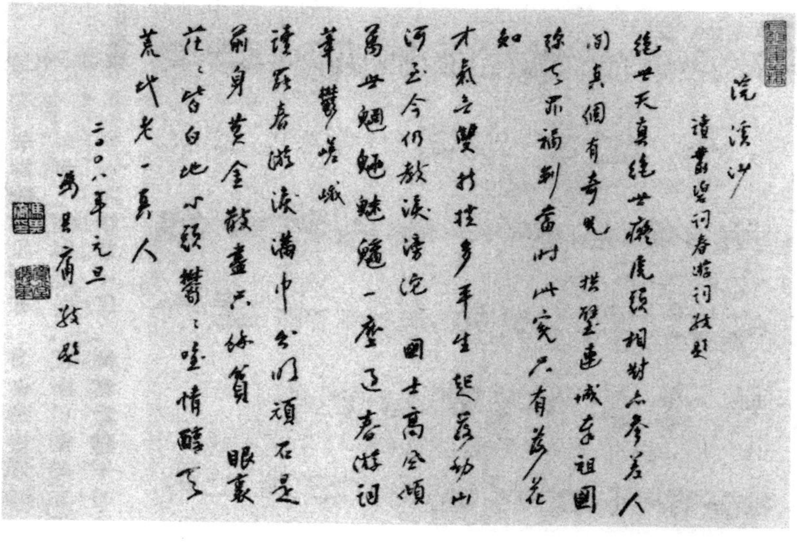

冯其庸《浣溪沙》手迹

其实，就从张伯驹写的那些诗词来看，用当年划分“香花”与“毒草”的“六条标准”来衡量，张伯驹也注定要划为“右派”的。这是张伯驹从 1956 年 3 月到 1961 年出关之前几乎无词的一个重要原因。

反右派斗争之后，紧接着是 1958 年的人民公社化、“大跃进”运动等，1959—1961 年，国家进入三年困难时期，全国城乡都出现了大饥荒问题，城镇居民粮食供应定量减少。人们吃不饱肚子，哪里还会有闲情逸念作诗填词。

在那几年，张伯驹也常为饿肚子发愁，这个曾一掷千金都不在乎的阔公子，到了这个时候，竟也为有些熟人常到他家蹭饭吃而感到无奈。这也是张伯驹这几年间几乎无词创作的又一个原因。否则，出口成章的词人是不会停止歌唱的。正如恩格斯的一句名言：“人们首先必须吃、喝、住、穿，然后才能从事政治、科学、艺术、宗教等等。”鲁迅是很赞成这一观点的，他说：“古人所谓穷愁著书的话，是不可靠的。穷到透顶，愁得要死的人，那里还有这许多闲情逸致来著书？”

张伯驹被打成“右派”后，便没有了工作，赋闲在家，甚感落寞无聊，只是每周需要到北京市民盟学习一次。但张伯驹毕竟是张伯驹，他没有像别人那样被打成“右派”而感到极度的羞辱和愤愤不平，甚至失去生活的信心。他一生从不热衷于政治，与人谈话、闲聊，也向来不谈政治。正如他曾对章伯钧说过的一句话：“右派的帽子对你可能是要紧的，因为你以政治为生。这顶帽子对我并不怎么要紧，我是散淡之人，生活是琴棋书画，共产党用我，我是这样，共产党不用我，我也是这样。”

到了 1961 年下半年，全国的经济形势开始好转。一天，张伯驹又去北京市民盟学习，领导勒令其写检查，检查他当“右派”的错误及其学习的体会。张伯驹枯坐了一上午，苦思冥想，就是一个字也写不出来，甚觉一张纸上不写一字太无聊，就在稿纸上画起了他最爱画、也甚为得手的兰草来。寥寥几笔，兰草那飘逸、清雅的神韵便跃然纸上，张伯驹的灵感突然而至，他又挥笔而就，在纸上题了一首诗：

湖波渺渺怨灵均，翠竹黄陵伴梦温。
独抱孤芳空谷里，任他桃李自成春。

这"灵均"就是屈原的字，原来，张伯驹想到伟大的诗人屈原来了。他是否自比屈原，不好断定。但他那"任他桃李自成春"的含义是不难理解的，所以我们说，这一首诗对于我们了解张伯驹这几年的思想是极有意义的。

二

“万里边关鸡塞远”“一重关似百重关”

——出关长春

如果把张伯驹的一生分为两个阶段的话，60 岁以前（即 1957 年以前）可作为前半生。这一阶段他最大的成功，人生价值的最高体现，可说是其在中华传统文化方面杰出艺术才华的形成，以及把文物珍品捐献国家的义举；其后半生则是其于坎坷生涯中对传统文化的坚守，及其在逆境中展现出来的不为世俗所左右的始终独立的人格光辉。

张伯驹的后半生有一个很有意思的现象，就是从 1946 年开始，每隔十年呈现出阶段特色。从 1946 年到 1956 年，是中国抗日战争结束、第三次国内革命战争爆发，到新中国成立及基本完成社会主义改造的历史转折时期。张伯驹的人生和词作也经历了一个新旧历史时期的转变，《丛碧词》的创作也基本定型。从 1957 年到 1965 年，人们习惯称为“文革”前的十年。这一时期，是张伯驹人生发生巨大逆转的时期，他由一个名誉风光、捐出文物珍品的爱国民主人士一下子被打成“右派”，而后是摘掉“右派”帽子，重新进行词的创作且在词的风格、情感方面均取得重大转变和成就的时期。从 1966 年到 1975 年，不用说，就是人们所熟悉的十年“文化大革命”时期，这是一个全国陷入混乱状态的浩劫时期，张伯驹的人生也遭受到从心灵到肉体的空前磨难，然而其人生又一次重大的转折也是发生在这一时期，他被聘为中央文史馆馆员，结束了他衣食无着、无立锥之地的困境。1976年至1982年，是其人生的夕阳阶段，他随着“文革”的结束、改革开放的开始，枯树逢春，再次展现出晚霞的灿烂之光，走向永恒。

对张伯驹来说，个人的命运是和国家的命运紧紧联系在一起的。

1961年10月，张伯驹结束了在北京5年“右派”的困居生活，出关到了吉林长春。

张伯驹是怎样到东北去的，成为诸多有关张伯驹生平书籍中一个富有传奇性的热点。都说是张伯驹莫名其妙地接到了吉林省委宣传部部长宋振庭的一个电报，要接他去东北工作，他不明就里，十分惶恐而感激，到后才知，这一切是他在并不知情的情况下，由国务院副总理陈毅给安排的。你说传奇不传奇！

但是，这一传奇和张伯驹本人叙述并不一致。

张伯驹在1971年10月26日写给周恩来总理的信中说:“一九六一年夏，吉林省委宣传部约我夫妇去吉林艺专讲授国画，原拟三个月或半年而归,至则留作长期工作……”1978年5月1日,张伯驹又在《五十年来我的情况》中明确写道:“六一年吉林省艺术专科学校约我爱人潘素讲授国画。潘因我年老无人照护，不肯去。后吉林省宣传部约我夫妇同去。”还有最出名的张伯驹在大连同刘海粟的谈话，明确表明，他在被打成“右派”直到1961年去东北前的4年间，并没有见过陈毅。张伯驹在谈话中说:“本想见见周总理、陈总，一吐为快，后来饱受打击歧视，见领导人已极难，我又不愿为个人荣枯浪费他们时间，一拖就是4年……”

五十年来我的情况
自我三十岁收藏古代书画研究诗词戏曲，收藏古代书画最初出于爱好。后则由于爱国之心，保护祖国珍品不使流于国外。如存世我国最古法书晋陆机平复帖，存世最古绘画隋展子虔游春图，均使我抢购未得流入外国。五六年初我将所藏晋陆机平复帖、唐杜牧赠张好好诗、宋范仲淹书道服赞、宋蔡襄自书诗、宋黄庭坚书诸上座帖、宋吴琚杂书诗、元赵孟頫书章草千字文、元俞和楷书等均捐献于国家。唐李白上阳台帖则呈献给毛主席，主席后交给故宫博物院。凡我一生所收藏之书画大部均归故宫博物院，无流失于外国者。我捐献所收藏古代法书呈报毛主席，是交由统战部徐冰同志呈上的。蒋介石北伐之第二年，章太炎来京，在北海董事会成立中国学会，我和同乡胡石青、王博沙、傅铜参加这个会。是旨在反蒋。在国民党蒋政权时期我始终

张伯驹《五十年来我的情况》

张伯驹又回忆说：“行前（去吉林）我给陈毅元帅一信辞行。陈帅约我见面，陈帅问我列入右派事前何以不向他说。陈帅又说他写信给吉林省对我照顾。”

2017 年 8 月，广东培正学院吕坤鹏女士在阅读了大量有关张伯驹的书籍和文章后，写出《略谈张伯驹出关长春的真正原因》一文，她在该文中说：“如像某些传记所言，张伯驹去东北任职是得到陈毅的事前安排，则既不符合逻辑又不符合人之常情，陈毅不可能在几年未联系，并不了解张伯驹工作和生活状况的情况下为他安排工作。”她又说：“将张伯驹经历传奇化，这种做法有悖历史的真实，难道陈毅在张伯驹去东北之时才知道这么回事，就否定了陈毅和张伯驹的友情吗？”

这里还有一个细节值得一提，即张伯驹夫妇去东北前一天晚上，曾去章伯钧家辞行。章伯钧问到张伯驹随夫人去东北干什么工作，张伯驹答，我到艺专也能做点事，如教教诗词，或讲讲书法。显然，张伯驹此时只是自己也想到艺专做点工作，并不知道日后会分配到省博物馆。

张伯驹夫妇去东北不久，民盟在北京召开中委会。开会期间，章伯钧约请他的朋友、曾参加过民盟、时任吉林省副省长的徐寿轩吃饭。席间，章伯钧郑重地放下碗筷，十分详细地介绍了张伯驹夫妇的情况，并说张伯驹的工作还没有确定，请徐寿轩跟省里的人疏通一下，给张伯驹安排个妥当的、能发挥他专长的工作。徐寿轩当时满口答应。

果然，张伯驹到东北后不久，被安排到吉林省博物馆了。至于这一安排，是陈毅答应写信的结果呢，还是吉林省副省长徐寿轩受章伯钧之托，进行疏通的结果呢？或是吉林省委宣传部安排的结果呢？或许，三者的因素都有吧。

张伯驹一生大部分都是在北京度过的，基本上是安定的，他已习惯了北京的生活。到了晚年，反而要出关东北，到那个一年之间天寒地冻时间最长的地方去生活，实为万不得已之事，也算是摆脱被划成“右派”之后，常被勒令检查那种屈辱生活的一种出路吧。应该说，张伯驹心里，欣喜有之，但更多的是悲伤，是一种晚年被流放边塞绝域的悲伤，这种伤感又很类似于唐宋之时诸多恨士流人被一再谪贬而流放远国他乡荒凉之地时的心情，如柳宗元、韩愈、刘禹锡等人。所以，在出关之前，词人已填了《浣溪沙》四首，道出了这种离恨愁苦不堪的心情。

浣溪沙

将有鸡塞之行，题《秋风别意图》

其　一

野草闲花半夕阳，旧时人散郁金堂。如今只剩燕双双。
明月仍留桃叶渡，春风不过牡丹江。夜来有梦怕还乡。

其　二

马后马前判暖寒，一重关似百重关。雪花飞不到长安。
极目塞榆连渤海，回头亭杏望燕山。归心争羡雁先还。

其　三

自把金尊劝酒频，骊歌一曲镇销魂。回思万事乱纷纷。
镜里相看仍故我，人间那信有长春。柳绵如雪对朝云。

其　四

时盼南云到雁鸿，还将离恨寄重重。孟婆何日转东风。
万里边关鸡塞远，百年世事蜃楼空。天涯人影月明中。

这四首词，词意黯然惨伤，足见他出关时的心情。

特别是其二一首，上片句句都有双关含意。“马后马前”明指远行的路途，暗指他因《马思远》一戏遭难的前前后后；“一重关”明指过山海关，暗指过政治运动关的种种不测，好似“百重关”；“雪花”句明写吉林的雪花飞不到北京，暗指自己蒙冤而未能昭雪。下片眺望榆关，回想京华。为何刚刚离京，就那样归心似箭，羡慕大雁先还呢？可知他人去心不去，为保护传统文化而遭到打击，郁气难平。带着不白之冤离开北京，他是不甘心的。这种有志不能申的幽怨情怀，在那个时代的知识分子中，可说是具有代表性的。

20 世纪 60 年代，张伯驹在长春留影

这四首词是其《春游词》的开篇，几年沉寂，依然是开口文锦，只是风格凄恻感伤，语句饱含浓郁哀怨的调子，且富有深深的感染力，余韵悠然。

1962 年，根据中央指示，经过甄别，全国各地都先后摘掉了一批右派分子的“帽子”，张伯驹的“帽子”也被摘了。

张伯驹被摘了“帽子”，并担任了吉林省博物馆第一副馆长职务，可谓是一件足以欣慰的快事。此后一直到 1966 年初，在将近 5 年的时间里，他就过着这种安定而又伤心但又不甚苦难的生活。

文物收藏与鉴定，是张伯驹的分内工作。张伯驹在吉林为博物馆收购的第一件藏品是明代董其昌的代表作《昼锦堂记》。

1963年，张伯驹又以重金收购了“明代十能才女”之一的苏州名媛薛素素的脂砚，十分珍贵。

收藏了脂砚，张伯驹又向吉林博物馆捐赠了自己珍藏的和《红楼梦》有关系的《楝亭夜话图》。

此后，张伯驹又多次回北京为博物馆购买古代书画珍品。后来，张伯驹又把打算晚年自赏自娱的宋代杨婕妤的《百花图》卷也毅然捐献出来。为了丰富馆藏，张伯驹又将自己的数十件书画文物捐赠、转让给吉林省博物馆，从而展现出收藏家“烟云过眼”的博大胸怀。

而今，把文物当作钱财看待，投资之、赢利之的人却越来越多了，大有蜂拥而起之势，甚至铤而走险，不惜以身试法，破坏、盗窃古墓文物之案屡打不绝。在我们周围已很难见到张伯驹、王世襄、郑振铎那种为传承文化而呕心沥血、大公无私者的风采了。张伯驹的这种精神与风尚，就是今日人们愈加怀念他的原因。

张伯驹在吉林，除了文物工作，最大的爱好就是唱戏和作诗词了。

1962年年初，人民的生活逐渐好转。文化界、戏剧界经过1962年前后党对文艺政策的调整，环境日渐宽松，传统剧目的演出日渐活跃，文艺界的春天又渐次繁荣起来。

适宜的环境，再次激起了张伯驹从事京剧艺术的热情。1963年春节期间，张伯驹便赴天津录音京剧唱段，共录了《定军山》《空城计》等6段唱腔。

到了夏天，张伯驹又和吉林省京剧院的梅派名旦梁小鸾在省戏校礼堂合演了《游龙戏凤》，张伯驹饰正德帝。这次演出轰动长春，大家都称赞戏演得精彩，连省剧院和省戏校的人都赞不绝口。吉林省副省长王奂如也是有名的京剧票友，他说，张大爷的嗓子就是纯余派。

就在这场戏演出不久，刚刚从中国戏曲研究院毕业，分配到吉林省文化局的马明捷来到单位报到，知道了这场演出，后悔不迭，如果早几天来报到能看到张伯驹这场演出就好了。

马明捷很想跟张伯驹学点戏剧知识，就经常往张伯驹家跑，也确实学到了不少京剧知识。但到了1963年年尾，毛泽东对文艺界作了一个重要批示，批评文化部就是“帝王将相部”“才子佳人部”，马明捷单位的领导也提醒马明捷，一个共青团员老往一个全国有名的“大右派”那儿跑，还自觉得意，阶级立场哪里去了？

阶级斗争的风声一紧，就又没人敢和张伯驹接近了。

张伯驹是被摘掉了“右派”帽子，但在别人看来，他依然是摘帽“右派”。对于如此的人情凉热，如此的阶级斗争氛围，张伯驹的心里是不会没有一点寒意的，如鱼饮水，冷暖自知。他的情绪依然是阴晴不定，常常是忽而热情，“一晌贪欢”之后又后悔、怅惘和苍凉。

三

“边塞十年冰雪里，牡丹江上吊词皇”

——创作《春游词》

张伯驹的东北之行，虽然脱离了苦闷无聊、备受歧视和压抑、难有作为的环境，去迎接老尚能为的新生活，但到底已非志在四方的勇闯天涯，而是无奈之举。不料这颠沛流离的生活和凄凉倒成了他情感的源泉和诗词的素材。他文思泉涌，挥洒词笔，写尽风霜坎坷，写尽人生感慨。

张伯驹的词作，又达到了一个苦难淬炼后的全新境界和艺术的高峰，这就是《春游词》创作的极大成功。

有人把《春游词》看作是张伯驹的晚期创作，冯其庸先生则说是他中期的词作，我看这样分是可以的，也可以把它看作晚年创作的前期阶段，从1970年起的《秦游词》，才真正进入了张伯驹词作的晚景。

《春游词》有一篇序，此后，张伯驹的每一部词集都有一篇序，这在《丛碧词》中是没有的。原因也很明显，《丛碧词》跨度时间长，题材丰富，风格多样，且张伯驹的生活状况没有多大变化。到了《春游词》，已完全不一样了，他已生活在一个“光阴迫，一万年太久，只争朝夕”的社会大变革时期。他每一词集的序都突出反映了这一时期的社会环境和他自己的心绪状况。他的词，也带有了时代风云晴雨表的色彩。

《春游词》的序言，对了解他这一段的词极有裨益：

> 余昔因隋展子虔游春图，自号“春游主人”，集词友结“展春词社”。晚岁于役长春，更作《春游琐谈》、《春游词》，乃知余一生半在春游中，何巧合耶！词人先我而来者，有道君皇帝、吴汉槎。穷边绝塞，地有山川，时无冬夏。恨士流人，易生别离之思，友情之感，亦有助于词境，彼者或生还，或死而未归，余则无可无不可。沧桑陵谷，世换而景迁，情同而事异。人生如梦，大地皆春，人人皆在梦中，皆在游中，无分尔我，何问主客，以是为词，随其自然而已。万物逆旅，尽作如是观。

道君皇帝，即宋徽宗赵佶，工书画、善鉴赏、能诗词，深通百艺，“靖康耻”，被金人掳出关外，史称死于“五国城”。吴汉槎即吴兆骞，清顺治举人，被遣戍宁古塔（吉林宁安），在塞外20余年，天天和羁臣逐客饮酒赋诗，气壮而才丽，后来被纳兰性德知道了，怜爱其才而为其周全，才得以赎归。

张伯驹以“右派”身份到吉林去的时候，联想到了这两位历史人物，也把自己与那些“恨士流人”相比，并且认为在“穷边绝塞”的境遇中，容易产生离别和思念友人的感触，这便有助于诗词写出意境。如其所云，优秀的骚人词客，都是逆境造就的。

“彼者或生还”，是指吴汉槎；“或死而未归”是指宋徽宗。而张伯驹说到自己，“则无可无不可”，活着回到北京也可以，死在吉林也可以，完全是一副超脱姿态。接着说到世事变幻无穷，人生如梦如幻，梦游中的那种感觉是不论你我，不分主客的，而把这种感受写成文字，随其自然，不加雕琢，便是好词。这是张伯驹的文学观，也是他的人生观。天地不过是万物的旅居之所，一切将匆匆而去啊！对于张伯驹来说，新旧其实已经没有意义了，张伯驹的时间观念是“大时间”观念。我就是一直这样生活的，一直在梦中春游，只不过梦境不同罢了。

冯其庸先生盛赞这篇《序》，他说：“写得多么漂亮，可作晚明小品看，但细味，实伤心人语也……但道君是被俘，吴汉槎是被戍。伯老以此自拟，则其心底之苦可知矣。”道君说：“易得凋零，更多少无情风雨？”“凭寄离恨重重，这双燕何曾，会人言语。天遥地远，万水千山，知他故宫何处？怎不思量，除梦里有时曾去。无据，和梦也新来不做”……这些话，不也就是伯老心底里的话吗？不然何以会把自己与宋徽宗、吴汉槎相比，所以《春游词》实是他身世之悲的重要之作。

近日看到马大勇先生的文章《“天荒地老一真人”：论张伯驹词》。马大勇先生在引用了张伯驹《春游词》自序中“人人皆在梦中，皆在游中，无分尔我，何问主客”等语后，说：“这段话或者又会被引作其旷达、高致的证据，然而这难道不是沉痛激愤之语么？赵佶由至荣历至辱，吴兆骞高才遭诬，引此二人为同类，而又强调生还或死‘无可无不可’，此真所谓‘哀莫大于心死’者也！自此开始15年间，张伯驹将这一份郁勃情怀陆续呈现在《春游》《秦游》《雾中》《无名》《续断》几个词集800首左右的词篇中，愈转愈深，愈转愈厚，其心悲，其笔辣，拓辟出了毕生词创作的新境界，也真正迈进了20世纪词史大家的前列。”

这一段话实是对张伯驹中后期词作内涵最透彻、最为肯綮的解释。

张伯驹一旦远走关东，难免去时留恋，到后思归，无论看花、赏月，还是守岁、登高，往往情不自禁地流露出乡思乡愁。

1962年春节时，张伯驹夫妇回京度岁，仅仅几个月，思乡之情便溢于言表，有《定风波》一词。

定风波

辽海归来雪满身，相逢容易倍相亲。灯外镜中仍故我，炉火，夜阑灰尽酒犹温。

明岁天涯应更远，肠断，春来不是故园春。几点寒梅还倚傍，才放，也难留住出关人。

这首词文字优美，音韵婉转和谐，而情意悲苦，颇耐寻味。“也难留住出关人”真是别出心裁，花也有情，想留主人而不得，这是令人想象不到的一句。同样情怀，更能动人心扉的词还有一首。

浣溪沙

出关后，家无能养花者。腊尽归来，盆梅只一花一蕊，憔悴堪怜，词以慰之

去后寒斋案积尘，庭除依是雪如银。小梅憔悴可怜人。

半笑半啼应有恨，一花一蕊不成春。那堪吹笛为招魂。

这首词妩媚至极，是张伯驹晚期词作的典型代表。

词所慰藉的是憔悴堪怜的小梅，但实际上就是他自己。他在《鹧

鸪天·癸卯除夕》里说：“饱经世事梦催梦，痴望人情心换心。”“浮生不必分真假，似醉如醒直到今。”在《庆宫春·甲辰元旦》里说：“岁来年去，生别死离，常是牵萦。”在《眼儿媚》里说：“情深千尺，怜春似我，我是谁怜？”

冯其庸先生在读到这些词后说：“这些话，真是椎心泣血，一字一泪，令天下才人读之，能不放声恸哭！”

再看他的另一首《浣溪沙》。

浣溪沙

雨后残阳噪乱鸦，轻寒楼外柳风斜。小阑独立落藤花。

酒意渐消知是客，鹃声不断道无家。惹人归梦绕天涯。

这是一首写景抒情词，风景精美至极，澄澈剔透，词情却是惨然。上片写景，疏淡而闲静，然又透露着不安、烦愁和伤感。乱鸦、绿柳，惹人乡思。“小阑独立落藤花”，很幽静，颇有诗意。上片短短三句，语言平易，环境却很典型，残阳、乱鸦、绿柳、藤花，很多鲜明的意象，其中所包含的苍凉萧瑟的意蕴，自然会勾起沦落天涯的那种孤寂；反过来，其实景色是很美的，只是作者心中思乡，景物才带上了离愁的色调。下片由听到悲伤的鹃声，直接抒情，把上片景色中所蕴含的情绪淋漓尽致地宣泄出来。“惹人归梦绕天涯”，把这种情感推向极致，然而家在何处？作者的境况又不同于所谓一般意义上的“游子”，何日是归期？故园还是不是家？不知道，说不定就要在这工作一辈子了。所以“道无家”更深刻地刻画出作者漂泊他乡、命运飘摇的悲苦。

在这首词里，情和景水乳交融，而又若即若离。如果没有下片的直接抒情，上片的景色也可因人的心境不同而体会不同，如果是安闲独立于自己的家里，享受着小阑藤花轻落，楼外柳丝风斜的景色，不也是一种享受吗？然而下片的抒情却自然而然地赋予上片景色以特殊的含义。这种人生况味含蓄而直接的表达，不能不令人叹赏词人的笔法绝妙，词人所抒发的思乡愁绪，也道出了人人所能理解，但未必能道出的普遍情感，分外感人。

这首词可以说是张伯驹中期婉约词作的典型作品之一。婉约词的特色就是写景铺叙细腻，曲尽其形，且辞藻华美，抒情委婉含蓄，以情动人，以美取胜，道尽人间之悲欢离合，喜怒哀乐。

张伯驹还有一首咏叹落花的《浣溪沙》。

浣溪沙

怕到春来易断魂，满庭芳草立黄昏。落花无语似离人。

九转肠回君念我，万分心痛我知君。红笺忍检旧啼痕。

冯其庸先生说，读这些词，很有点像读后主、道君、纳兰词的味道，一字一泪，一声一咽，只要你真正体味张伯驹此时在北国冰天雪地的困难情景，你是控制不住你的眼泪的。

同时，我们读这些词，还有一个体会，就是张伯驹出关东北，其实颇有古代官员或文人遭到贬谪而流放他乡的味道，当然这是难以类比的。《说文》：“贬，损也”，“谪，罚也”。贬谪为我国古代针对官员的一种行政处罚，或降职，或驱离出京，或兼此二者。因此，所谓贬谪，亦说迁谪。贬谪作为人生挫折，自是苦难，但对于文学之士而言，则是一种独特的人生体验，也成了文学创作的资源。因而贬谪文学即是指被贬者创作的，以表达其贬谪感受的文学作品。

张伯驹出关东北，心中是有不平和哀伤的，但读上面这些词，却感到哀而不伤，甚至是有些幽默感、艺术感的，如“半笑半啼应有恨，一花一蕊不成春”“鹃声不断道无家。惹人归梦绕天涯”等。这就是人们常说的“哀而不伤”，这种情感的诗词是不易写的，但张伯驹做到了。他何以能够如此呢？还是刘梦芙在《二十世纪名家词选》中说得好，他说：“张系世家出身之公子，早年裘马翩翩，文采风流，而遭逢乱世，劫难频仍，发而为词，笔端自有陵谷沧桑之无穷感慨，翁毕生酷嗜文学艺术，以诗书为性命，涵咏功深，天性又至纯至厚，虽历种种逆境而能以宽夷坦诚之怀处之，淡泊于名利荣辱，故其词怨而不怒，哀而不伤，幽微沉厚，和雅温文，深得风骚之遗旨意焉。”

终于盼到了1965年，张伯驹已68岁，他忽得一信，自己可能要回北京了，于是，他喜出望外，作词《鹧鸪天》两首。

鹧鸪天

五国边城咽暮笳，斜阳西望是吾家。孟婆倒引船儿转，马上春风入琵琶。

金缕怨，玉关赊，不须细雨梦沙龙。乌头未白人归去，老眼犹明更看花。

前调

鱼雁多劳为作媒，他生缘种此生胎。贴金愿许偕潘步，留枕情因识魏才。

桃脸笑，柳眉开，看人生入玉关来。胡笳休按文姬拍，青冢犹怜梦紫台。

这两首词，节奏轻快，词意欢悦朗畅，一变前调。

张伯驹的《春游词》除许多清新婉转、含蓄蕴藉、寄情深微、饶有情致的词作外，还有风格豪放、气势雄壮的词作，且不说他那首著名的《六州歌头·长白山》中那“昆仑一脉，迤逦走游龙。承天柱，连地首，势凌空，耸重重……”气势突起的发语不凡，另一首《鹧鸪天》也堪称壮阔雄浑的佳作。

鹧鸪天

壬寅冬初，独立吉林松花江上看雪

四望迷濛瞑不开，江流一线自天来。衰黄败柳迎风舞，残绿荒沙委地埋。

寒悄悄，白皑皑，粉弓弹出玉楼台。征人情意诗人兴，只少梅花与酒杯。

张伯驹在东北几年间的词作，是其一生词作艺术中最为重要、最为成熟，也是成就最大的时期。其词风由早期的优雅、轻灵、婉转的明快妍丽逐步过渡到了悲苦、沉郁、凄楚的沉哀入骨，而又不失优美和委婉。

张伯驹青壮年时代，并没有经历太多的挫折，所以词中有的也只是甜蜜的忧伤。随着被打成“右派”的骤变，及其漂泊出关，亲身体验到人格、精神备受摧折的苦痛和归家无期的离愁，才写出许多真正的感叹人生浮沉、凄凉悲惋的伤情之作。

同时，之所以说他东北时期的词作成就尤高，并不仅仅是说其艺术的成熟达到了炉火纯青、精彩绝妙的程度，更主要的是其情感通过艺术的表达，成了代表人们共有的艺术化了的体验，具有动人心弦的感染力，道出了人们欲言而未能言的心声，引起人们广泛的理解和共鸣。早在1964年，陈器伯于《春游词·跋》中，已有此观点："往读《丛碧词》，以为声韵所诣，绝无依傍，纯然词人之词。今读《春游词》中绝无故作姿态的豪言壮语，言不由衷的强言欢笑；有的只是对传统文化、民族风习、江山景物、亲情友谊的守护和热爱，是至性至情的自然流露。伯驹对美与丑、悲与喜都有着极其敏锐、深切的感受，在他的生活中，苦难与艺术并行不悖，现实中的不幸与悲哀往往为艺术世界中的审美经验所平衡乃至抵消，因而，读他的词作，觉得其生活中的苦也成为美的欣赏了，他已将自己的喜怒哀乐化为艺术的表达。"

东北时期是词人一生中相当特殊的时期，对时常对美丑有敏锐感受的张伯驹来说，这一时期可谓五味杂陈、情绪郁结。因此，他常将这一时期的心绪寄托于词，而词本身的形式也恰恰符合其欲求发泄的心境。故《春游词》可以说是张伯驹词作成就上的一座高峰，且较之其他词集的咏花吟月，此词集中的感情无疑也得到了升华。因此，这部在东北时期完成的《春游词》对于后人了解中国社会这一时期众多文人的心境也是一方良镜。

冯其庸先生对张伯驹的《春游词》也有极高的评价，他说:《春游词》的思想深度、感情深度和艺术高度，更胜于《丛碧词》。然而这是以他的苦难、眼泪和性命磨炼出来的。

他为纪念张伯驹诞辰110周年而填作的三首《浣溪沙》，其中两首都是评价张伯驹之高风与《春游词》之才气的。

浣溪沙

其　一

才气无双折挫多，平生起落动山河。至今仍教泪滂沱。
国士高风倾万世，魑魅魍魉一尘过。春游词笔郁嵯峨。

其　二

读罢春游泪满巾，分明顽石是前身。黄金散尽只余贫。
眼里茫茫皆白地，心头郁郁唯情醇。天荒地老一真人。

四

“白眼看人世，梁孟日随肩”

——倾情一人的情词

张伯驹的情词颇具天性，他的情词几乎全是写给夫人潘素的，每年潘素生日，张伯驹都要为她作词庆生。《张伯驹词集》中70余首皆为潘素而作，明确标明寄潘素的词12首。而这些情词大部分都在《春游词》及其后的各种词集中。

词评家谢燕说，古代文人心目中理想妻子的形象不外乎两种：一种是“见我无衣搜尽箧，泥他沽酒拔金钗”，在贫寒逆境中相濡以沫；一种是“被酒莫惊春睡重，赌棋消得泼茶香”，情趣相投，才艺相近，互为知己。

潘素之于张伯驹，可以说两者都做到了。

在《丛碧词》中，有一首词，感情真挚，分外动人。

水调歌头

元宵日邓尉看梅花，是日为潘素生日

明月一年好，始见此宵圆。人间不照离别，只是照欢颜。侍婢梅花万树，杯酒五湖千顷，天地敞华宴。主客我与汝，歌啸坐花间。

当时事，浮云去，尚依然。年少一双璧玉，人望若神仙。经惯桑田沧海，踏遍千山万水，壮采入毫端。白眼看人世，梁孟日随肩。

20 世纪 60 年代，张伯驹夫妇在长春参观果园后留影

张伯驹眼光不俗，对美更是情有独钟，20 年前，他娶了“一双碧玉，人望若神仙”的潘素。他与她的恩爱相敬如梁鸿与孟光，“举案齐眉”，还要“日随肩”。张伯驹还用过张敞“画眉”的典故。

这种“举案”“画眉”的情感，与潘素的伉俪情深，支撑他晚年落寞生活。他的情词中常展现一种相依相守的平淡与满足，如 1961 年赴东北之前写的一首《人月圆》。

人月圆

辛丑中秋，同潘素访友，步月归家

玉街踏去疑空水，双影似双鱼。冰壶澄澈，纤尘俱净，万象清虚。

明年何地？家中客里，不改欢娱。无边人世，光明到处，皆是吾庐。

1970 年，他又作《瑞鹧鸪》。

瑞鹧鸪

答和伯弓赠诗题自画红豆

姑苏开遍碧桃时，邂逅河阳女画师。红豆江南留梦影，白苹风末唱秋词。

除非宿草难为友，那更名花愿作姬。只笑三郎年已老，华清池水恨流脂。

年逾古稀的张伯驹在这首“题自画红豆”中完整地追忆了他与潘素情定三生的江南之行。于此词中，不难体味张伯驹对这一份来之不易的良缘佳姻的庆幸、满意乃至略含歉意。

1971 年元宵，张伯驹又作《鹧鸪天》。

鹧鸪天

白首齐眉几上元，金吾不禁有晴天。打灯无雪银街静，扑席多风玉斗寒。

惊浪里，骇波间，鸳鸯莲叶戏田田。年年长愿如今夜，明月随人一样圆。

此词作后，犹感情意未尽，又作《人月圆》一首。

人月圆

辛亥元宵再赋

团栾月始今宵满，人与月同圆。承平梦里，马龙车水，灯火鳌山。

齐眉对月，交杯换盏，犹似当年。红尘世上，百年余几，莫负婵娟。

1972年元宵节，张伯驹又作4首《小秦王》，为潘素庆贺生日，其中一首云："白头犹觉似青春，共进交杯酒一巡。喜是团圆今夜月，年年偏照有情人。"

虽然回忆美好，然而"独抱幽香世不闻，素心花对素心人"（《小秦王·题与潘素合画素心兰》），这一对爱侣之间显然有着灵魂深处的沟通与契合。

时间总在流逝，青春终究老去，"画眉已秃生花笔"，却不影响词人依然咏唱“剩惊波浪里，老鸳鸯，过除夕”。尤其是甲寅（1974年）七夕，年近八旬的词人一往情深，作《鹊桥仙》一首。

鹊桥仙

不求蛛巧，长安鸠拙，何羡神仙同度。百年夫妇百年恩，纵沧海，石填难数。

白头共咏，黛眉重画，柳暗花明有路。两情一命永相怜，从未解，秦朝楚暮。

他对妻子的专注到了一种“贞洁”的程度。他的情词也是永远跟他回顾自己坎坷的遭遇与人格的坚守联系在一起的。同时，我们也可以看出，张伯驹后期的情词没有像前期那样深婉，而是采取一种直接宣泄的方式，用笔直切，而用情却更显沉郁切至，意境不像前期那样语浓情柔，缠绵深细。

张伯驹的情词是其一生词作中重要的内容，闪耀出鲜明的特色和风格，是研究张伯驹一生和情感值得重视的。

五

“寂寞词林千载后，当年漱玉而今又”

——《春游琐谈》与“秋碧传奇”

张伯驹在创作《春游词》的同时，还有两件日常生活中的文化趣事、文人雅事，但不难从中看出一个纯然文人的兴趣和气质。这两件事在今天看来，一是对中国传统文化的贡献，极有价值；一是反映了20世纪60年代初，中国词坛上曾经一时“百花齐放”的可喜现象和张伯驹及胡蘋秋等人的传统诗词才华，这种文采和才华正是我们今天词坛上少见的，也是值得学习借鉴的。

首先是《春游琐谈》惹祸。1962年10月至1965年间，张伯驹在吉林和几位朋友如吉林大学于省吾教授等，每周相聚一次，谈笑之外，用“以文会友”的形式交流他们的文章，多谈金石、书画、版本、词曲考证、学术考证、风俗等各种掌故，体裁多为小品、随笔，语言则是文言。文人爱弄笔，随之把这种小聚会称为“春游社”。张伯驹把各人的文章搜集起来，油印装订，取名《春游琐谈》。该书先后印了6册，第7册未能印成。每册薄薄一本，纸张黄、绵、软，文字竖写，可谓有“古书”特色。

谁知到了“文革”初期，春游社就被打成了“反革命组织”，省公安厅也立案侦破。此事还牵连到吉林省委宣传部部长宋振庭，追问宋拿过什么机密文件给春游社的人看过，弄得宋振庭哭笑不得，说：“这些人是非线装书不读的人，给他们文件看是都不愿意看的。”公安厅哪里肯信，但审来审去，也审不出文章里有什么反革命的企图，最后也就不了了之。

著名学者孙郁先生对张伯驹的随笔、小品都有很精到的评价，他说，张伯驹“是个很通达、幽默的人。既能够写出词学研究的妙文，又有记艺林俗事，于正史之外得到启悟。我喜欢他那些关于文坛掌故的文章，印象是比郑逸梅的艺林闲话不差……张伯驹在述往的文字里，能够跳将出来，以历史的眼光反观旧物，又有批判的精神，则是旧式士大夫少见的风采”。

这本书终于在“文化大革命”之后，由中州古籍出版社出版，成为内容丰富、“可补史乘之不足”的一本极有价值的书。有人评价说：“《春游琐谈》发扬了我国历史上笔记写作的特点，穷搜广采，无不涉猎；长可千言，短则百记，侃侃而谈，议论风生。”

另一件事就是与词人胡蘋秋的词作唱酬。

胡蘋秋（1907—1983），原名郡，别署云娘，安徽合肥人。早年任职张学良军某部，官至少将参谋。1949 年随部队投诚解放军。20 世纪 60 年代初，为山西省晋剧院编剧，也是京剧名票，又是一位极有才情而又勤于吟咏的诗词家。1963 年，与杭州著名词人、也是张伯驹的朋友的周采泉开始在福建南平创办的《乐观词坛》有了诗词唱和，而周采泉把“蘋秋”误看成“秋蘋”，疑是女词人。胡蘋秋也就将错就错。好在长期票演旦角，对于才女心情、言情语态，素有揣摩，不难进入角色。于是，即以女性身份、口吻继续在《乐观词坛》上发表词作。

胡蘋秋，真是个“敏捷诗千首”的当世奇才。下笔风采飘逸，颇有周邦彦、吴文英的宋人遗韵，尤其善制才女词曲，婉情绮怀，每令人迷惑倾情，以为是个才貌双绝的女词人，其实他是个男子。

1963年秋，张伯驹偶尔从福建寄来的《乐观词坛》上看到胡的词作，有感其词词情清婉，“惊为才女”，于是，他写了一首和胡蘋秋“斗、口”韵词的《蝶恋花·柬胡蘋秋词家》：

蝶恋花

柬胡蘋秋词家

笑挟江河杯酌斗，不栉才人，吐唾珠玑口。寂寞词林千载后，当年漱玉而今又。

半世春游成一叟，却对梅花，输与东风首。愿结岁寒图里友，扬镳分作雌雄手。

张伯驹在词中高度赞许胡蘋秋的过人才情，认为是李清照再世，因而愿结为词友，并驾齐驱。

胡蘋秋也夙知张伯驹不世词才，而且对京剧又忝居同好，也不遑多想，便同声相应，尽情酬唱。不久，张伯驹又把自己的词集《丛碧词》寄赠胡蘋秋，胡蘋秋读后，即作《沁园春·题丛碧词》为报。

张伯驹并作和词《沁园春·答胡蘋秋题＜丛碧词＞》：

天外飞鸿，书到辽西，但愿识君。忆延秋坛坫，分曹坐雨；展春园墅，按拍停云。焦尾焚琴，断肠弄笛，流水高山久不闻。

销魂际，算歌怜玉树，酒泣金尊。

忽来空谷佳人，似鸣凤翔鸾迥出群。羡阳春郢上，曲高白雪；名泉历下，韵出红尘。风月评量，兰茎契赏，一字千金意最真。吾何幸，得平生知己，馀事无论。

以清词丽句，写知己之惑，真是快心称意，人所共鸣。

于是，你来我往，唱和益多，相知益深。后积稿三巨册，名为《秋碧词》（其取名“蘋秋”之“秋”，“丛碧”之“碧”）。

后来确知胡蘋秋庐山真面目之后，张伯驹也只有付之一笑。1982年张伯驹逝世后，胡蘋秋以词挽之，结句为“琴可碎，涕如雨”。可见胡蘋秋永失知音之痛。有人感叹说，士林备受摧残的十年浩劫中，还有这样一段故事，确为值得称道的词坛佳话。

郑州大学中文系教授杨嘉仁曾就此评论说，男性将其作品托名为女辈之作，或代某女之作，这种事历来较多，今世亦不乏其例。就胡蘋秋而言，他的词作在于体会、创造中国女性的本质和意蕴，特别是那种温柔、含蓄、高雅和对爱情、幸福的追求与忠贞。还是张伯驹的《小秦王·和蘋秋》说得好。

小秦王

和蘋秋

小词悱恻蕴深情，绝胜莺歌燕语声。

字里有香兼有色，更从何处觅倾城？

杨嘉仁又说：“从我们后辈读者来说，伯驹先生与蘋秋唱和之作，以及随后的《秋碧词》数百阕，都是可以接受和珍爱的，因为毕竟是两位杰出词人的呕心沥血、奇情异采之作。”

这是20世纪60年代初期中国南北词坛上的一段佳话，正如张伯驹的词友寇泰逢所说：“虽葳蕤之锁已开，而芭蕉之心犹卷。”经词曲家把他们的故事撰成昆曲《秋碧词传奇》时，张伯驹赞赏说：“三绝于今成鼎峙，桃花扇与牡丹亭。”拿此来与孔尚任的《桃花扇》、汤显祖的《牡丹亭》两部传世名著媲美，可谓一往情深矣。

第五章

“泡影电光”“铩羽而归”

（1966—1975）

一

“泡影电光七十年，回头万事梦中看”

——“文革”岁月

1966 年 5 月，一场长达十年之久的“文化大革命”爆发了。“横扫一切牛鬼蛇神”的狂风恶浪顷刻横扫全国。多少党和国家卓越的领导人被冠以“走资本主义道路的当权派”被打倒了！多少优秀的知识分子、科技人才成了“臭老九”“资产阶级反动学术权威”被批斗了！张伯驹自然属于“牛鬼蛇神”、封建主义的“孝子贤孙”之列，在劫难逃，而且是一次比 1957 年被打成“右派”更加深重的灾难，可谓灭顶之灾。张伯驹的“罪行”是多方面的：“大官僚之子”“摘帽右派”“反对戏剧改革的顽固分子”等。单就 1957 年力挺传统戏，1962 年以来痴迷于传统戏剧的演唱，就足以把他列入“牛鬼蛇神”之列了。

的确，张伯驹从来不是政治上敏感的人物，不是那种紧跟政治潮流，积极配合“文艺为政治服务”的人物。也一直没有改变他对文艺的看法，他一贯坚持文艺是为了欣赏、陶冶性情。

他曾比喻说：“譬如炒了一盘好菜，能表明政治观点有什么问题吗？吃饱了，吃好了，工作有精神了，这就是政治了。”无怪乎在新中国成立以来的政治运动中，只能是运动的对象。他其实就是一个固守文人节操、不因任何风向而改变自己观念的文人。1957 年反右时是这样，1963 年以来在“革命现代戏”风行舞台之时，他仍然一提起梅兰芳、余叔岩，便痴迷其中，何曾想到过“才子佳人、帝王将相”已被列入批判对象的政治气候！

他是痴迷文学艺术的“书呆子”。恰恰是这种纯文人气息，成就了张伯驹的伟大。

1966 年 8 月 27 日，吉林省省直文化系统“造反派”在长春市体育馆开会斗争省文化局机关党组书记金树然，张伯驹被拉去陪斗。还有许多文化界的专家、教授跪在批斗场上。在震耳欲聋的口号声中，“牛鬼蛇神”绕场爬行三圈，张伯驹这位年近 70 的老人当然也被拖着、拉着匍匐前行，惨不忍睹。当他们爬行了一圈之后，示众者中年龄最大的张伯驹完全被甩在了最后面，直到他的两只胳膊再也不能伸屈，终于停在那里一动不动了……人们正在心里嘀咕的时候，突然看到一个彪形大汉快步奔了过去，弯腰就拽住了张伯驹的衣领——于是，此人就如同拖着一具尸体，或者一件什么沉重的东西，迅速跟在了那个爬行的队伍后面……

此后不久，吉林省文化系统又组织了一次全市大游斗，各单位把批斗对象押往省委大院集中。著名戏剧家马明捷先生说他目睹了这次大游斗。他说他看见张伯驹拄着一根拐棍，白髯垂胸，面如土色，胸前挂一块牌子，写的什么记不清了，但能远远看到张伯驹被扔上大卡车，然后开上大街。

1966 年 9 月，张伯驹在北京的住宅也被“红卫兵”抄了，一批珍贵文物被砸毁烧掉，一部分文物及家具被扣押。他已经不再是赵佶、吴兆骞式的哀伤郁结，他看着这一幕幕血淋淋的悲剧，愤怒了，也绝

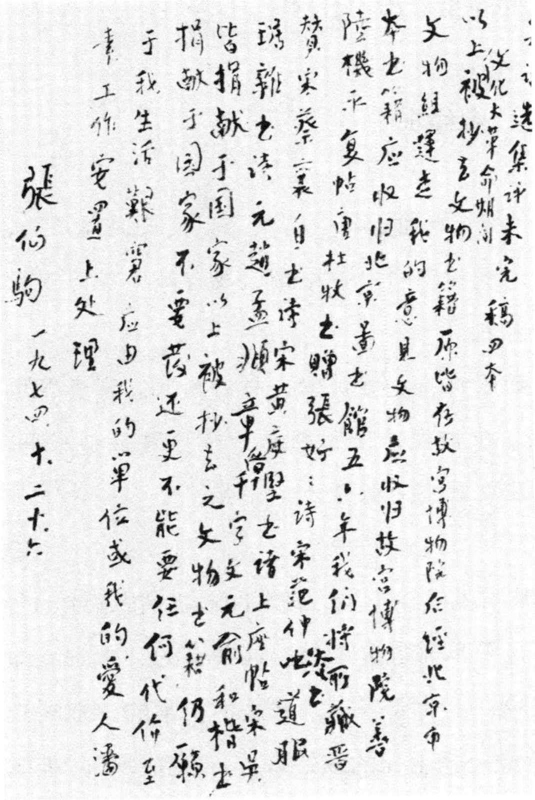
…述集评未完稿四本
以上被（文化大革命期间）抄去文物书籍原皆存故宫博物院后经北京市
文物组还来我的意见文物应收归故宫博物院善
本书籍应收归北京图书馆五六年我们将所藏晋
陆机平复帖唐杜牧书赠张好好诗宋范仲淹书道服
赞宋蔡襄自书诗宋黄庭坚书诸上座帖宋吴
琚杂书诗元赵孟頫章草千字文元俞和楷书
皆捐献于国家以上被抄去之文物书籍仍愿
捐献于国家不要发还更不能要任何代价至
于我生活艰窘应由我的单位或我的爱人潘
素工作安置上处理
張伯駒 一九七四.十.二十六

张伯驹谈“文革”中文物被抄事手札

望了。这一年除夕，他百感交集，挥笔写下了《鹧鸪天》两首，道出其心中悲苦，这里录取其一。

鹧鸪天

泡影电光七十年，回头万事梦中看。余生身似难回水，已死心如不动山。

残爆竹，剩炉烟，鸡声又是到明天。眼前去往皆无碍，一任人间换海田。

张伯驹彻底失望了，心死了，他感到从未有过的迷茫，他失去了生的信心。

不久，摧残身心的又一场批斗接踵而至。1967 年 2 月，张伯驹的博物馆副馆长职务被撤销。对于这一次游斗，张伯驹在 1969 年 1 月 27 日写的《经历自述》中写道：“六七年二月，革命群众对我和其他人斗争，斗争形式是挂牌子、跪凳子，会后，敲锣打鼓游街。”

“文化大革命”中，凡被批斗的人哪里还算人？更无人格可言！

更令张伯驹难以忍受的是，陈毅元帅也同样遭到了批斗。于是，他又填了二首《金缕曲》，这里录取其中一首。

金缕曲

尘劫何能躲，奈升沉纷纭此世，其中有我。但使淤泥莲不染，微笑点头也可。举目尽，烦烦琐琐。覆雨翻云成与败，在旁观只是乡人傩。论功罪，互因果。

池鱼殃及城门火，更娥姁、牝雉钟室，居心测叵。富贵岂堪安乐共，未许客星犯座、宁披发，佯狂衽左。换骨脱胎非易事，算螟蛉，终竟难成蜾。且争看，一刹那。

在这里，张伯驹的婉约派词风已经不见，怒发冲冠之情跃然纸上。这样的词写起来痛快淋漓，几乎不需过多推敲。词中讲的“娥姁”即是西汉吕后的小名。“牝雉钟室”，女人当家，这是不正常的，她同样也是“脱胎换骨非易事”，就像一朝生死的螟蛉一样；“难成蜾”，难成大事，只不过“一刹那”就消失了。

不料这首词被造反派抄去，说他以吕后影射江青，攻击无产阶级司令部，又被打成了“现行反革命”，被关押看管起来。

就是在这样的情况下，他仍然没有忘记他的好朋友陈毅，冒着风险，竟然给陈毅写信，送去慰问之情：“我公功在国家，尚且被辱，我何足道哉！所指我之罪名，皆是莫须有之事，只可一笑置之！”

张伯驹是何等的超脱，他对“文化大革命”的认识，在国人还在狂热和痴迷的时候，已经达到了相当清醒的程度。

在这里，还有一件小事，必须一说，因为事情虽小，却折射出人格的光辉，这是张伯驹以中华传统美德对待“文革”中不同人物的典型表现，这种表现和人情是一般人极难做到的，因而更显得可贵。这就是张伯驹夫妇亲往吊唁章伯钧一事。

1969 年 5 月，章伯钧去世。正值“文化大革命”高潮，刚刚开完九大的时候。一个右派的死去，也就无足轻重了，但章伯钧是 1957 年被划的全国头号大右派，可谓家喻户晓。所以，报纸还是发了个不起眼的短消息。

消息发出去了，也引不起吊唁的动静，章伯钧家依然是门前冷落，亲友稀有人来。

社会各界人士更甭说了，人们在那个年月里对右派唯恐避之不及，谁还敢上门呢？

但有一个人敢，他就是张伯驹。

他是看到报纸上登了章伯钧死亡的消息后第二天来的，只是这张报纸已过了一段时间了。他和夫人潘素徒步而行，一路走来，先是到章伯钧原来的住处，一打听，人去楼空，无奈便托人好不容易才打听到章伯钧遗孀李健生新搬到建国门的地址。

张伯驹叩开李健生家的大门，倒使李健生大吃一惊，赶忙把张伯驹夫妇拉进门。几年不见，张伯驹身体已大不如前，头发白了，脚上的布鞋满是泥土，从地安门到建国门，一个 70 多岁的老人在烈日下走了多少路啊！张伯驹气喘方定，徐徐地对李健生说：“对伯钧先生的去世，我很难受。我虽不懂政治，但我十分尊重伯钧先生，他不以荣辱待己，不以成败论人。自己本已不幸，却为他人之不幸所恸，是个大丈夫，所以无论如何也要来看看。”

“张先生，快别说这些，伯钧相识遍天下，逝后的慰问者，你们夫妇是第一人，此情此义，重过黄金。伯钧地下有知，当感激涕零。”话说到此，李健生已是泪流满面。

后来，章伯钧的女儿章诒和听了母亲的叙述后，同样感到巨大的震惊：一个非亲非故也无干系之人，冒着政治上的风险，毅然叩响你的家门，向远去的逝者送上一片哀思，这需要多大的勇气！

张伯驹就是这样一个很懂人情但不懂特殊政治气候下特殊世故的人，他是一个从来不因政治气候而改变操守和信念的人！

紧随着被打成“现行反革命”之后不久，1970 年 1 月，上级“革委会”对张伯驹的问题终于作出批示，做了“敌我矛盾，按人民内部矛盾处理”的结论，并送往吉林省舒兰县朝阳公社“放到群众中教育，劳动改造”。3 月 18 日，吉林省博物馆又对张伯驹作了退职处理，夫妇双方给予一年的工资，至此，与原单位再无瓜葛。

张伯驹被送到朝阳公社双安大队，大队主任看了张伯驹的介绍信，认为他们年纪已大，不能劳动，退休金用完，大队怎能白白负责他们的生活，于是，劝他们返回北京。

至此，张伯驹这个为国家作出巨大贡献的大收藏家已是没有了工作、没有了工资，没有人负责。真个是“落了个白茫茫大地真干净”。

从 1966 年算起，已经整整 5 年，词人除了那几首讥讽“文化大革命”的词作以外，已彻底停止了歌唱，只好“金人三缄其口”了。说张伯驹一生始终没有停止他的词笔，那是不确切的，那只是从其一生来说，比较笼统、模糊。而其间两次中断时间都不算短，一次是从 1956 年至 1961 年，5 年时间；这一次是从 1966 年至 1970 年年初，恰好也是 5 年。

二

“西来秋色今如昔，不见五陵气郁苍”

——创作《秦游词》

张伯驹夫妇因乡下大队不收，只好返回北京。下半年，他们又来到了西安，暂住在女儿张传綵家里，尚可度日。张伯驹是只要有一食果腹，马上便可回到艺术境界中的人。于是他在西安旧地重游，游雁塔、灞桥、华清池，过杜工部祠，中秋则登雁塔看月，登骊山，游秦始皇陵、终南山和首阳山。重阳、除夕、元宵均有词作，即使平日出游，携外孙女游玩，也是触景生情，张口即诗。不到两年时间，便作词成集，谓为《秦游词》，并为词集作序云：

余少年从戎入秦，宝马金鞭，雕冠剑佩，意气何其豪横！中年避寇，再居关中，兵火之余，仅存书画，托迹商贾，聊供菽薪。暮年东出榆关，追步道君、秋笳，铩羽归来，疾病穷苦，乃更入秦依女儿以了残年。老马知途，不谙终南捷径，朱门鼎食，复味首阳蕨薇。此一生如四时，饱经风雨阴晴之变，而心亦安之。时则重到旧游地，作小词，亦不计工拙，盖为残雪剩爪，随笔之所至，幸方家视之勿以词品相衡量也。

庚戌初冬，中州丛碧序。

这部词集何以名为《秦游词》呢？词人在 1972 年春时，为此集作跋说："渊明《桃花源记》在晋时，源内犹是秦人。又，欧洲语音称中国为秦……故中国率土之滨，皆为秦地，亦无不可。"

此集词作始于 1970 年下半年至 1972 年春，不足两年时间，作词一百余首，是作者晚期词作的开篇（把《春游词》且视为中期作品），是词人一生中重要的词集之一。如果把《春游词》视为词人颠沛流离、风雨交加之时的苦痛悲歌，《秦游词》则是风雨暂缓之后的感叹，对眼前风光的陶醉与对人生的感悟。

张伯驹夫妇西去时，填作一首《苏幕遮》，其序云："将去西安女儿家度岁，君坦赠词为慰，答和。"说明了去时的状况和心境。

苏幕遮

醒晨钟，听暮鼓，盈缺循环，不许长留住。绕树无枝寻一庑，尘海人间，梗泛知何处。

杏花天，芳草渡，短梦春华，片石还难语。掌上明珠偏爱女，白发飘零，却是归时路。

张伯驹去西安，意在投靠女儿，以了残年，所以心中有无尽的辛酸和感慨难以排遣，时时流露出来。

临江仙

风雨年年愁里过，几番辜负佳辰。栖霞山影梦梁陈，雁归千里讯，人入乱峰群。

就菊插萸当日事，眼前更有谁存。秋光犹是旧时人，飘零身世感，一叶坠红尘。

到了西安，转眼就是旧历年底，这一年农历是庚戌年，除夕之日已是1971年1月26日，张伯驹一般每逢除夕，都有词作的。这一天仍不例外，连填了3首《鹧鸪天》，其无奈、茫然、悲伤的心情一览无余。

鹧鸪天

其 一

驽马终为伏枥材，空随夕照望金台。五陵佳气销龙种，千弩狂潮结蜃胎。

倾甕酒，插瓶梅，闺中儿女费安排。须知今岁团圆夜，多少沧桑换得来。

其 二

萍梗一家诉聚离，灯前翻觉喜成悲。今朝今夕非长有，明岁明年更不知。

春浩浩，日迟迟，旧花争自上新枝。人生最是随缘好，半醉全醒各任时。

其　三

垂老飘零燕寄椽，岁阑客梦在长安。烛盘泪比金茎露，鼙鼓声疑爆竹天。

熏酒气，幻炉烟，回头直到汉唐年。残宵冥坐人如故，开眼明朝惊改弦。

这种感慨直到1972年还时时涌上心头。

《鹧鸪天·壬子重阳未作山游》说得更加明白。

鹧鸪天

壬子重阳未作山游

门柳添黄菊蕊稠，昨宵风雨已深秋。劝人绿酒倾杯底，邀我青山到杖头。

红叶醉，白云愁，年年都作画中游。残躯虽健心情懒，今日登高只上楼。

“人必生活着，就不能时时陷于痛苦之中”。这是一句名言，张伯驹虽心中有不尽的悲观，但只要走进春光秋景、江山胜迹，他还是宠辱皆忘，情绪为之一振，随口诵出奇情华章。

他曾带着两个外孙女去观赏大雁塔，写了《鹧鸪天·雁塔》。

鹧鸪天

雁塔

曾是高标矗盛唐，僧亡香灭锁空房。鸟音似唪多心偈，萤火还疑舍利光。

听淅淅，视茫茫，惊风无往渭流长。西来秋色今如昔，不见五陵气郁苍。

这首词追忆盛唐时期大雁塔的雄伟和烟火繁盛的升平气象，感慨世事沧桑，如今僧亡香灭，一片荒凉萧索的气氛。这当然与当时的政治、文化环境有关。词人面对这一切，难免发出吊古伤感的心情。本词情景交融，一气呵成，有波涛起伏之感。

词人《鹧鸪天·秦始皇陵》更是直抒胸臆。

鹧鸪天

秦始皇陵

一出函关六国销，河山万世付儿曹。书焚未料来刘季，椎击何知有赵高。

唐寝废，汉陵遥，霸图剩此土岧峣。荆榛不是神山树，只对斜阳唱牧樵。

词人面对秦始皇陵，回顾自秦以来历代王朝的兴替灭亡，发出深沉的感慨。其焚书坑儒何等不可一世，气焰万丈，但最终被推翻，并曾于博浪沙险些丧命，本该自省，却不思悔改。下片回顾汉、唐等王朝先是强盛无比，最终也都是一个个灰飞烟灭，只剩下历代君主山高一样的坟墓，被荒草覆盖，漫坡荆榛，一片凄凉。

这首词显示了作者咏史怀古词作的高度。不受“文革”中关于秦始皇焚书坑儒评价的影响，这是需要很大的勇气的，因为那时只要不服从“批林批孔”“评法批儒”的调子，都会被打成“反革命”的。

张伯驹在西安期间，还有一些气息清新、语言流畅的田园小词，颇可一读，《杨柳枝》一词，传递出词人难得的欢愉。

杨柳枝

迷离烟色有无间，夹岸临流水一湾。
雨后登楼时一望，柔条缺处是青山。

最后一句实为奇警，远远望去，婀娜的柳丝缺处，可见青山之苍远，令人顿感壮美，胸襟为之一振。另一首《小秦王》更是淡雅活泼：

小素王

清溪堤外稻花田，水接源头第一泉。
垂柳阴阴飞白鸟，野风吹破一湖烟。

唐朝诗人王维曾有“漠漠水田飞白鹭，阴阴夏木啭黄鹂”的诗句。

此词显然化用了王维诗句，但很巧妙、自然，全词语言流畅、欢快，毫无雕琢之感。以景寓情，词人的心绪已从“边塞十年冰雪里，牡丹江上吊词皇”的哀痛中暂时解脱出来。

词人还有一些小词，更是句法活泼，风致妍丽，且看他的两首《杨柳枝》。

杨柳枝

丝丝金缕弄轻柔，勾引春风傍小楼。
燕剪莺梭来又去，不知织得几多愁。

本词语言轻快俏皮，婉转天成，作者体物精微，想象丰富。表面谓愁，其实，“金缕”“轻柔”“勾引”已将春天的欢快暗蕴其间，如果是愁，也是美丽之愁，宜人之愁。

另一首更是妙趣横生。

杨柳枝

孤店疲驴客去家，霜天流水阵盘鸦。
济南道上斜阳外，多有村庄开柽花。

这首词化用元代马致远的《天净沙·秋思》意境。马致远所传达的是苍凉萧瑟、游子思乡的意境，而张伯驹却反其意而用之，将旅途中些微诗意的情趣融入意境，正是作者别出心裁、出人取胜的不凡才思。

《秦游词》还有一些一反古人词意的词作，给人以眼前一亮，感到其情思更高古人一筹。

杨柳枝

灞陵桥上车马过，灞陵桥下水生波。
古今看惯行人别，不信潺湲比泪多。

一般诗词只把送别的泪水比喻成桥下流水，已可见其悲哀之甚，而词人在这里说泪水比桥下之水还多，足见词人对典故的理解之深，且能反向思维，使人获得更深更新的感受，这已不是作词技巧的问题，而是词人的感悟超出常人之上。

张伯驹的另一首《杨柳枝》更是别出心裁。

杨柳枝

朝雨渭城尘不飞，离亭劝酒换征衣。
故人难到阳关外，唯有东风吹向西。

唐朝诗人王维有诗句“劝君更尽一杯酒，西出阳关无故人”。这首词显然化用王维诗意，但又有新意。可贵的是最后一句“唯有东风吹向西”，一反伤感之态，令人鼓舞。“故人难到阳关外”意同“西出阳关无故人”，但“唯有东风吹向西”，意境大变，它给人的已不仅仅是伤感和离愁，更多的是给人以安慰和鼓励，您尽管去吧，虽然我们不能到阳关之外，但东风会带着我们的友情和力量陪着您。此语多么温暖感人，远远胜过离愁的诉说。

《秦游词》中还有一个值得重视的现象，即词人向佛思想的出现，这是词人晚年思想和晚期词作的一个重大转折。“佛”为“佛陀那”的简称，乃梵语之音译。“佛”，从人从弗，人表意，表示看不清楚，弗表声。佛，表示看不清楚，而想看清楚之意，意译为“觉者”“知者”“觉”。佛法的真理至深极广，其中最能使人受益者，莫如“止观法门”，这里的“止”，则是“心止不动”。佛教倡导人们“对一切乐不贪著，对一切苦不厌离”。其宗旨就是“离苦得乐”。

张伯驹有四首词《啰唝曲·携两外孙女雁塔看腊梅》。

啰唝曲

携两外孙女雁塔看腊梅

其　一

腊残梅始发，南去雁初回。
渭水连汾水，不捎一纸书。

其　二

岁尽临除夕，家家事都忙。
已知新酿酒，色似鹅儿黄。

其　三

两小痴骙女，生来亦爱花。
背人踏积雪，偷折献阿爷。

其　四

坐久心无着，耳清意亦忘。
不知何世界，身与佛俱香。

“啰唝曲”，词牌名，单调20字，四句两平韵，也可看作五言绝句，但自有其格律。“啰唝曲”是晚唐出现，带有小调性质可以演唱的小曲。张伯驹很少写五言诗，这是其一生诗词中仅见的八首中的四首，因而更显得珍贵。张伯驹用这个词牌带有轻俏的惬意，“痴骙”，原为“痴愚”之意，此处意为“傻傻的”，对小女孩十分爱昵的称呼。

这几首词写得很美，冬去春来，腊梅始开，已是除夕。此时正是感慨人生如四时，周而复始，新的一年即将开始之际。词人带着两个天真的外孙女，踏雪看塔，看得久了，已不知身在何处，好像已与茫茫太空化为一体，自己一生一世的遭遇、烦愁，全然忘却，自己的心灵已经纯然净化，已经与雁塔所象征的佛的世界融为一体。佛界是一个人们向往的清静，亦清虚，远离世界争斗杀伐的慈悲慈善之地。作者一生遭遇太多的屈冤、斗争，一心爱国之人，却受到无情的打击迫害，结果呢？人世间依然充满着争论不休的“阶级斗争”问题。多少个和睦的家庭，都因为争执不休而互相仇视，以至分裂，造成多少人间悲剧。而社会并没有变得更加美好，而是一片混乱。作者已厌倦了这一切，他看不到光明，看不到希望，他的心在向佛界靠近。

张伯驹另一首《虞美人》也直接说自己心生“禅思”：

虞美人

楼台倒影浮金翠，明镜生禅思。玉兰白倚杏花红，依旧年年岁岁对东风。

老来不见前游伴，人换春无换。织烟愁似柳丝丝，莫在低枝低处望高枝。

1971 年，正是林彪事件发生的一年。林彪事件的发生，使人们既感到震惊，又感到茫然，所以词人“织烟愁似柳丝丝”，看不到国家的前途，也看不到自己的前途，自身仍是戴罪之身，满心是愁，不得解脱，只有生出“禅思”了。

什么是“禅”，简单地说，就是佛教中的静思，排除杂念的思悟和哲思、思辨，以寻求世间万象和矛盾的合理解释。“禅”是梵文“禅那”的音译，汉语意为“静虑、弃恶、思维修”。“禅”本是古代印度宗教普遍采用的修行方法，是一套正审思虑、调御身心的法门，后来形成了以见性、顿悟为纲领的中国宗派佛教里的禅宗。其价值在于所倡导的精神境界，所主张的人生态度和生活方式，包含了多方面的人生智慧。古往今来，人生总不免会遭遇某些困境，让人痛苦、困惑、心理失衡。而历代禅籍和禅理所表现出来的息灭妄念、精神超脱、淡泊名利、高洁自守等观念，则是一份珍贵的人生智慧结晶，给人以启迪和教益。“禅”也是佛教的一种修行方法，闭目盘膝静坐，不想任何事情。词人已到暮年，看到迷幻的世界，已心生禅意。

词人还有一首词，感到自己已经到了佛界，兴奋得不禁欢呼起来。这首词就是《浣溪沙》。

浣溪沙

正月十一日大雪，晨起河边踏雪诵佛

梦里曾于净土行，开门起看尽光明。岸边垂柳鹤梳翎。

天地与心同一白，乾坤着我并双清。万花飞散打身轻。

“净土”，佛教中指西方极乐静土，清净庄严的处所。

词人夜梦中仿佛看到了净土佛界，早晨开门一看，白雪世界，一片光明。河岸上柳丝静垂，悠闲的鹤在梳弄翎羽，飘散的雪花轻轻打在身上，简直是一个透明、洁静、宁静的地方。在这个静美的时刻，词人的心与天地同样洁白，与乾坤清光相映，这是何等纯净无瑕的境界。

这首词里的“天地与心同一白”是张伯驹词中的一个精彩警句，是词人的纯真的情怀，是词的境界，也是张伯驹的人生境界。

我们每一个普通的人，或许都会遇到过如此的情景，我们的心，是否也会有如此的感受呢？但词人的感受肯定是不同于一般人的，因为那是一个特殊的环境和时代。

这首词写于1972年年初，正是林彪事件搅乱人们思想、风波尚未平息的时候。但“文化大革命”的烈火仍在燃烧，“批林批孔”刚刚开始，连两千多年前的孔夫子也被批斗了。

面对这一切无法解释的斗争，张伯驹似乎悟出了什么，竟然能跳出当时的政治氛围，悠悠然地“踏雪诵佛”，其思想之超脱，也是难以想象的。“天地与心同一白”正是张伯驹纯真的情怀与向往！

孙郁先生说过一句很有意思的话，他说：“在中国，一个人的学问如何，看他对美术的理解，对诗词的体悟，对佛教的认识，便可知道大概。”

这首词风格欢快俊爽，语言晓畅，音节响亮，也是作者这一时期词作中少见的。

总之，《秦游词》既不同于《丛碧词》，也不同于《春游词》。《丛碧词》反映的是作者青壮年时期生活在上层社会，基本处于生活无忧的环境中，畅游诗词、戏剧、书画之中，并沉浸在爱情之中，其词作风流华美、浑然天成，大都清切婉丽、积极乐观，大都是赞美大自然、赞美爱情、感慨历史兴衰的情怀与深思，即便是悔恨自己的“曾经”，也有着“休惆怅”的豪情。

而《春游词》则是苦痛和屈辱之作，是遭贬流离之作，其声怨咽，是个凄苦的曲调，其风格也是一洗华靡，如清笙幽磬，哀怨凄婉，跳不出困苦的折磨。

而《秦游词》则是词人历经磨难，人生处于最低谷，“落得个白茫茫大地真干净”，生活完全不知路在何方，也无法自食其力的时候，词人完全悲观了，感到已是“残灯意到原头火”，走到了生命的尽头。而此时，也恰似看透了一切，什么信仰，什么争斗，结果都是一场空。词人似乎突然醒悟，想依靠“佛”来对自己的良心作一个交代，也要靠“佛”来解救自己的心灵。这一时期的词，既是老之将至的哀吟、叹息，又似大彻大悟的“心止不动”，弃尽人世烦恼的歌唱。词人在1970年除夕时有一首词，其中说：“人生最是随缘好，半醉全醒各任时。”但他又盼望着“残宵冥坐人如故，开眼明朝惊改弦”，他盼望着个人和国家前途的惊人变化。当然，这一变化会来的，只是还要等到改革开放的来临。

《秦游词》的词风，延续了前期词作的婉丽、哀怨，而又渐变为朴实、疏淡、自然平易的风格。

三

“生也有涯乐有余，花明柳暗识长途”

——被聘文史馆员

张伯驹于1970年上半年回到北京，成了没有工作、没有户口、没有工资的“三无”人员，只能西去西安女儿家。这是他最为穷困潦倒的时候，他有一首词很美，很幽默，却活画出他的困窘。

渭城曲

肆间初见小梅姿，风韵依然似旧时。
画图愿买折枝写，无奈囊空惟剩诗。

词人已穷到了连买一枝梅花的钱也没有了，身无分文。此词虽灵俏多姿，但情意却是悲苦的。

1971年重阳节后，张伯驹夫妇又回到了北京。离开了女儿，吃饭就成了问题，粮票全靠亲友接济。周汝昌家粗馔劣食，招待老友。周汝昌也将平时节省下的粮票邮寄给他，想不到张伯驹这样当年的阔公子，此时竟因收到三五斤粮票，马上记到本子上，并向周汝昌“笔札相谢”，真的是滴水之恩不敢相忘。

张伯驹这时已是“山穷水尽”，他感到从未有过的委屈、绝望和愤怒。他开始了为自己“讨说法”的艰难历程。

社会上曾流传张伯驹曾于1971年11月18日给陈毅的一封信，反映自己的情况。笔者并未查到这封信的相关材料，但看用词和口气，确像张伯驹所为，也很像一首词，特抄录如下：

陈毅先生并张茜女士：

一别数载，思忆每每。我们夫妇二人，颠沛流离，罄竹难书。革命一起，却遭贬黜。日日游斗，不能一刻休暇；暗暗地牢，辜负二年时光。后远遣乡下，躬耕陇亩，力尽精疲，相濡以沫。尚幸好人仍在，私相关照，得以偷生。冬日到来，赐返京师，疗治体病。不想，又遇市井小人，恶言相向，立目横眉，未可一世。威风凛凛，詈言咄咄，教人实难苟活。无奈，特致函先生夫妇，一吐胸臆。不知这般加害，却是何方精神？

张伯驹

1971年11月18日

这封信如果确有，似乎日期当早一些，因为此前不久的10月26日，张伯驹向周恩来总理写了一信，并请章士钊代转。信中说已知陈毅有病，不宜打扰。

张伯驹为什么会给周总理写信呢？因为在衣食无着，又无居处，又无工作的情况下，他想到了自己的朋友、时任中央文史研究馆馆长的章士钊。章士钊为张伯驹想了一个办法，就是聘请张伯驹到中央文史研究馆工作。但这样的事情岂是章士钊能够作主的，须请示国务院并获批准方可。他们商定，由张伯驹给周总理写一封信，讲清楚目前困难状况，请求解决问题。此信可由章士钊代转，如周总理对此信作出批示，问题就好办了。

于是，张伯驹亲笔写好了给周恩来的信。这封信开头写得很客气："周总理钧鉴敬启者，伯驹自清末寓居北京已六十年。"接着，张伯驹讲了去东北及被农村退回的情况，信中又说：

> 我有一女在西安教小学，欲往投奔，小女夫妇月入甚微，无以安排其父母，户口至今仍未解决，溥溥大地，锥无可立，伏乞能饬属准予报入户口，实为至感。

张伯驹写到这里，动了感情，委屈、愤懑之情溢于言表！"溥溥大地，锥无可立"，偌大的国家，竟没有一个知识分子的立足之地，这能不让张伯驹气愤难平吗？

接下来，张伯驹又详细讲了自己把8件文物珍品捐献国家，将李白《上阳台帖》赠给毛主席，以及后来陆续向国家捐献文物的情况。至此，语气一转，写道：

> 值此盛世，自恨筋力已衰，但爱国之忱，不敢后人，所写虽皆封建遗产，遵循毛主席批判接受，不割断历史之教导，对于历史文物鉴定整理有所需用，自当忘老忘病，勉贡薄知，以报效国家。

信的结尾又回到请求解决工作的主旨上：

章行严（士钊）先生卓著风义，笃念旧交，因托其转呈此函。毛主席对知识分子政策，不使其无生活出路，不使有弃物弃材，用敢上陈下情，不胜屏营之至，函此，谨致。

张伯驹果然还是张伯驹，在这一段话里，他照样用语极为怨愤，毫不掩饰地宣泄了自己的感情，说自己成了弃物弃材，且无生活出路。

11 月 24 日，章士钊馆长给周总理写了一封短信，并附了张伯驹的信。

周恩来总理收到章士钊的信和转来的张伯驹的信后，遂于 12 月 9 日作了批示：“张伯驹先生可否安置为文史馆员，望与文史馆主事者一商。”

周总理于日理万机之时，迅即作了批示，足见他对老一代知识分子的体恤照顾之情。周总理办事一向是沉稳、谨慎、机敏的，他的批示虽然用了商量的口气，没有下达指示的意思，但已经表现了明显的倾向。

中央文史研究馆根据周总理的批示精神，立即行动起来，派人前往吉林了解张伯驹和夫人潘素的情况。

根据调查情况，中央文史研究馆立即于 12 月 29 日向时任总理秘书兼国务院参事室主任的吴庆彤写了一封很短的信函，并附了《关于张伯驹政治历史情况的报告》。

当日，吴庆彤便在中央文史研究馆的信函上作了批示：“同意张伯驹为中央文史馆馆员，请丁江同志批。”丁江在“丁江”两字上画了圈，并写了“同意”二字。

隔了几天，已是 1972 年 1 月 5 日，中央文史研究馆办公室根据这一系列领导批示精神，很快拟出了聘任张伯驹先生为馆员的聘书草样，并呈送有关领导审阅，聘书上书：

×××先生：

遵照周恩来总理指示，兹聘任您为国务院文史研究馆（中央文史研究馆其时亦称国务院文史研究馆——笔者注）馆员。

特此通知

××××

1972年1月

这一聘书的草样只注了月份，未注明具体日期，显然是留待确定发送时间后再准备加上的。到了这时，可以说万事齐备，只待发出了。

而此时，历史又演出了“传奇性”的一幕，竟将历史的真实情况反而遮盖了。说是陈毅元帅于1972年1月6日不幸逝世。1月10日，毛泽东突然参加了陈毅的追悼会，又意外发现了张伯驹送的挽联，于是问陈毅元帅的夫人张茜挽联是谁写的，张茜就趁这个机会，告诉主席张伯驹还是“黑人黑户”的情况。于是又有了嘱咐周恩来总理关照张伯驹先生的“最高指示”。接着，“聘书”便于农历新年之际送到了张伯驹手中，张伯驹晚年的命运从此得以改变。

至于毛泽东在陈毅的追悼会上问询张茜并嘱周总理这一详情，至今尚无较有权威的资料佐证。据《共和国红镜头：中南海摄影师镜头中的国事风云》中毛泽东的摄影师回忆，毛泽东在陈毅追悼会现场，被周恩来等中共高层领导和陈毅家属簇拥，慰问了陈毅夫人张茜和陈毅的4个子女，并与西哈努克亲王交谈，对于陈毅和邓小平做了相关评价，并未提到毛泽东看到张伯驹挽联并请周总理加以关照之事。

寓真先生2013年在其所著《张伯驹身世钩沉》一书中则说：“张伯驹那副悼念陈毅元帅的挽联确实写了，文辞意境确实高迈。但是，时人都说毛泽东出席追悼会看到了此联如何如何，其实张伯驹当年从吉林败兴而归，黑人黑户，狼狈不堪，又怎么可能将笔墨悬挂到那种显赫的位置上呢？”于是，寓真认为“毛主席是否看到此联，张伯驹重新在京落户是否因此而沐恩，似无实据，传闻而已”。

但是，张伯驹在1978年5月1日写的《五十年来我的情况》材料中，确实写道：“陈毅元帅逝世我送了挽联。毛主席、周总理、董副主席看到。问及张茜夫人，张夫人说是陈毅元帅的老朋友，从吉林回来，尚无工作、户口。毛主席对周总理说‘给安排一下’。”

应该怎样看待这一段话呢？笔者认为，张伯驹请章士钊向周总理转交他的信，自己是清楚的。但信转上去之后，周总理批示及派人调查和文史馆具体落实的过程，他就未必完全了解了。所以，对于后来传说的是“毛泽东在陈毅追悼会上指示周恩来办的”与“周总理指示文史馆办的”等两种情况，究竟是哪种情况起了作用，也是搞不清了，于是就沿用了群众传说这一解释。只是细细梳理一下，还是周总理指示文史研究馆办理一事，有确实的档案加以证实。

广东培正学院女教师吕坤鹏说得好，她在《也谈张伯驹进入中央文史研究馆的始末》一文中说，如果“化历史为传奇，那么，历史还有何意义？我们还如何研究历史，从中吸取经验和教训呢？”对于至今仍有人把张伯驹进入中央文史研究馆的经历传奇化，她说：“作为现代史研究者，在看到新发现的史料之后，依然对张伯驹这段经历作传奇化表述……这是对读者的误导，以讹传讹，十分不妥。”

再说1972年1月6日，陈毅元帅去世的噩耗传遍了北京城，张伯驹得知这一消息，异常悲痛。他流着泪水写下了悼念陈毅的挽联：

仗剑从云作干城，忠心不易。军声在淮海，遗爱在江南，万庶尽衔哀。回望大好河山，永离赤县；

挥戈挽日接尊俎，豪气犹存。无愧于平生，有功于天下，九原应含笑。伫看重新世界，遍树红旗。

此联用典可谓自然贴切，出神入化。上联“干城”中的“干”指盾牌，干和城都比喻捍卫者。下联的“挥戈挽日”，语出《淮南子·览冥训》:“鲁阳公与韩构难，战酣日暮，援戈而㧑之，日为之反三舍。”“尊俎”，指古代盛酒肉的器皿，“接尊俎”系从“折冲樽俎”变化而来，指在会盟的席上战胜对方。后泛指外交谈判为“折冲樽俎”。

这副挽联也是可以作词看的，其情之真切，沉哀入骨，而又不乏慷慨悲壮之气，其雄桀激昂的笔力直透纸背，令人顿生振奋、豪迈的情感，也反映了张伯驹词作不乏豪放的风格。

其后，为纪念陈毅，又由夫人潘素画青绿山水《海思图》，张伯驹题悼诗于其画上。首尾两首诗为：

痛我长城坏，寒天落大星。
遗言犹感激，老泪忽纵横。
日暗旌旗色，江沉鼓角声。
东南余壁垒，忍过亚夫营。

怕听雍门曲，西州事可悲。
霜锈怜故剑，露薤泣灵旗。
国续褒忠录，人寻堕泪碑。
音容图画里，剩寄海天思。

1972年1月21日，张伯驹在生活极度艰难之际，接到了中央文史研究馆的聘书，当他持聘书到文史研究馆报到时，章士钊以微笑欢迎老友的到来。

这一年的除夕，张伯驹的心情是颇为复杂的，他填了两首词。

鹧鸪天

辛亥除夕

皱面观河叹改颜，知经几世海为田。危巢容膝虽无地，乐土求心自有天。

灯到曙，酒余寒，檀垆香烬灭云烟。开头且看明朝事，扰扰纷纷更一年。

生也有涯乐有余，花明柳暗识长途。琢残白玉难成器，散尽黄金更读书。

梅蕊绽，柳枝舒，故吾镜里看新吾。眼前无限春光好，又写人间一画图。

这两首词很有意思，第一首分明是无限感慨啊，“扰扰纷纷更一年”，这一年该是多少事啊，一切都终于过去了，“开头且看明朝事”吧，反正我已是“知经几世海为田”，也经历了沧海桑田的变化了。

第二首说得更明白，苦尽甘来，一腔喜悦，“眼前无限春光好，又写人间一画图”。新的生活开始了。

张伯驹又有了做学问的保障和心情，因为人必须有饭吃、有处住，然后才可能谈别的，包括艺术的优雅和道德的崇高。

第六章

“残照金台”“随缘断续”

（1973—1975）

一

“老年人在雾中行，杏花时节又清明”

——创作《雾中词》

这一章节在时间段上应该仍属第五章，但这几年是词人创作词集较多的时期，就单列一章了。

张伯驹进入了中央文史研究馆，等于是进入了“避风港”。

中央文史研究馆是毛泽东亲自倡议设立的，是为德高望重、生活困难的老学者设立的，是一个具有统战性和荣誉性的文史研究机构。它的宗旨是敬老崇文。受聘者都是耆年硕学之士，其中有前清的探花、翰林、进士、举人，有文史研究方面卓有成就和影响的学者。他们大都历尽坎坷，饱经沧桑，具有强烈的爱国主义精神。他们进入文史馆后，可以继续研究著述或挥毫泼墨，或吟诗作赋，然工作节奏并不紧张。

辛亥除夕过后，便是农历壬子年，也就是1972年，春天来到了人间，但张伯驹的心绪仍在时喜时惧之间，仍然没有摆脱惊魂未定的情形，他有三首小词说得很有趣、很形象。

小秦王

春日偶书

冬雪无多水欲干，鱼苗浅濑聚成团。
风沙来自天西北，银锭桥头不见山。

窗外坐看送夕阳，棉衣初换尚嫌凉。
闭门知是春多少，花片随风忽过墙。

晴转多云阴转晴，似人天气也模棱。
东风吹送探芳信，懒到春残不出城。

冬春之间的天气变幻，乍暖还寒，老人的心绪一如“似人天气也模棱”。他还没有适应这种刚刚离开波涛惊天的生活，犹如人坐久了火车，下了车，还觉得没下车似的。有时候，甚至触物伤情情更重，请看这一年暮春时节的一首词。

瑞鹧鸪

与君坦游大觉寺看杏花

大觉名存地已非，重游忍共泪沾衣。故人多向花间尽，新燕仍来幕上飞。

依旧芳林红作阵，不堪宿草绿成围。欲归似道时还早，恋我残明是夕晖。

词人故地重游，虽是“依旧芳林红作阵”，但想到旧日的友人一个个离去，不免生出年老弃世之悲，自己的残年，也只是夕阳之晖，来日无多了。

有人说，其实过去的只是时间，你依然逃不出想起了就微笑或悲伤的宿命。以上几首词正反映了词人的这种心情。

词人1972年的词也都收到了《秦游词》中，直到1973年，词人诗情勃发，恰似枯树逢春，依然繁茂，一年间竟作词一百多首，起名叫作《雾中词》。

为什么叫《雾中词》呢？妙语偶得，一语双关，自然贴切，请看他的《雾中词》自序：

杜工部诗云：“老年花似雾中看”，余则以为人生万事无不在雾中，故不止花也。余之一生所见山川壮丽，人物风流，骏马名花，法书宝绘，如烟云过眼，回头视之果何在哉，而不知当时皆在雾中也。比年，余患目疾，而值春秋佳日，仍作看花游山。遥岑远水，迷离略辨其色光，花则暗闻其香，必攀枝近目始见其瓣。情来兴至，更复为词，癸丑一年得百余阕。余已在雾中，而如不知在雾中，即在雾中，而又如不在雾中。佛云：非空非色，即空即色，近之矣。余雾中人也，词亦当为雾中词，因以名余集。

中州张伯驹自序。

这个“序”是说他1973年得了白内障，视觉不清，只觉得“遥岑远水，迷离略辨其色光”，但这并不影响他的诗兴，只是老人向佛的思想愈发显现了。

这一年海棠花时节，词人有一首词，表达了他沉浸在大好春光里的欢悦心情。

鹧鸪天

天津金钢桥花园对海棠

无限妖娆拥紫云，迷离眼外看横陈。虽经烧烛难为夜，不到倾城不是春。

词一叠，酒三巡，这时未醉已销魂。自家镜里知妍丑，遮面羞来对美人。

词人把海棠比作美人，面对海棠，还有些不好意思呢！

“鹧鸪天”音韵抑扬顿挫，短促有力，适应表现欢快的情调。在张伯驹的词集中，“鹧鸪天”是用得最多的词牌之一。

如此格调的小词，《雾中词》还有许多，且看词人的两首《小秦王》。

小秦王

其一

夹道松阴石径斜，行行直似入云霞。
杏花恰对斜阳看，更着诗人与画家。

其 二

七十年来换物华，雨中忆折一枝斜。
颠狂不是余年事，即在童时已爱花。

面对赏心悦目的自然风光和烂漫的杏花，70多岁的老人兴奋得有些“颠狂”了，但他说，他不是现在才“颠狂”啊，从童时爱花，已经一辈子了，你看词人的心多么纯净、质朴。

这些词表现了词人安逸洒脱、怡然自乐的闲适心情。这种休闲状态，使他的精神放松，是一种消解了精神负荷的生命享受。

词人有了这样的心境，即使是看到容易惹人惆怅萧索的秋景，也会自有一番澹静深远、清幽绝俗、孤高悲壮的心绪，请看他的一首《浣溪沙》。

浣溪沙

癸丑重阳独登陶然亭

老眼迷离不见山，江亭独自倚阑干。霜风凄紧雁南还。
旧雨都随衰苇尽，小塘犹剩败荷残。香魂鹦鹉两无言。

“旧雨”，是老友的代称，往日的朋友大都离开了人间，小塘荷叶已显残败，“香魂”“鹦鹉”是指鹦鹉冢和赛金花墓。香魂无言，充满了一种诗性的孤傲、坚毅悲壮的倔强精神。

再看他的一首《小秦王》。

小秦王

雪中登雁塔

茫茫天地接空濛，独倚危阑望欲穷。

雾眼浑疑春已到，飞花飘絮满关中。

在这里，我们感到词人已经站在终极审美的高度，寄情山水，具有“独与天地精神相往来”的广阔胸怀。

如果说《秦游词》是张伯驹词作由中期向晚期转变的作品，那么，《雾中词》则是完成这一过渡后的词作，是张伯驹晚年词作的一部代表性词集，这部词集在思想上是安详的、超脱的，向佛的思想更加浓厚。在艺术方面，这部词集承继了早期的柔婉清丽，中期的沉郁凄凉，那么到了这个时期，则更显旷达、自然、随心而作，更少雕琢。此后的《无名词》和《续断词》则是《雾中词》的延续和发展，也是逐步结束词作生涯的谢幕之作。

二

“问是无名是有名，身非白玉琢难成”

——创作《无名词》

1974年，张伯驹的日子过得风平浪静，除了再向周总理写信，希望解决夫人潘素的工作安置以外，可以说没有什么生活上的不快，也没有什么政治上的麻烦缠身。

这一年，张伯驹白内障初愈，在家休息，也没多少人打扰，除了时而到中央文史研究馆聚会、座谈以外，社会上并无什么兼职，连名誉职务也没有，正是他安心创作的大好时机。

只是张伯驹毕竟早已步入晚年了，其思想也愈加向佛，回忆一生经历，大有看破红尘、淡泊名利之思，无名之心顿起。这些思想在他这一年的词作《无名词》序中，说得很明白：

某岁月，蛰园律社诗课，题为春草，韵九佳。余有句云：“争如有意年年发，多半无名处处皆。”郭蛰云太史大激赏之。而余亦无名者也，然无名而好名。自三十岁学为词，至庚寅后二十几年，有集丛碧词。周玉言君跋云：词以李后主始，而以余为殿。此语一出,词老皆惊,余亦汗颜,而心未尝不感玉言也。此即好名之心,而自以为有名者矣。老子曰:道无名,有名非道也。六祖慧能偈云:菩提亦非树,明镜亦非台。本来无一物,何处着尘埃。本无名而有名,是非道矣,本无名而有名,是着尘埃矣。继丛碧词二十几年,又有春游词、秦游词、雾中词。自是非道者,着尘埃者,而迄不自知也。甲寅一年,复有词二百数十阕,因思何以名集。余即将八旬,以诵佛所得,以为文采风流皆是罪障。悟及此,才一年间耳,正针对余之无名而有名。甲寅年词,即以无名名之。盖为知止而止,此后不再为词,无词即无名矣。使余心如止水,如死灰,尽忘一生之事,于余一身未了将了之前。先入此境界。其可乎。

乙卯初秋,中州张伯驹序。

“乙卯”为1975年。

《无名词》中却不乏名词,且看几首《小秦王》。

小秦王

鹫峰至大觉寺途中

丛生荆棘刺牵裾,石磴倾斜步恐虚。

世上本无平坦路,山行莫怨太崎岖。

(自管家至大觉寺,山路崎岖,石磴倾斜,颇为难行。)

你看词人对人生沉浮的彻悟,多么富有哲理啊!

再看他的两首《小秦王》。

小秦王

携外孙女游紫竹园，天半阴，坐湖边，蝉声断续，白莲初开，赋此

耳际蝉声换世声，风来荷气入心清。
浮生半日如千日，应是忘情太上情。

娇女依依亦太憨，因风咏絮已能谙。
老来欲傲林和靖，守对梅花似鹤男。

词人听到的，不再是人间杂音，荷花之香沁满心头，词人已与大自然合而而一，已忘却人间情怀，进入太上神仙的境界之中，读了此词，使人的心灵为之净化，仿佛你也清除了世俗的七情六欲，进入永恒的境界。

小秦王

和君坦。去西安前，携外孙游紫竹园

沿堤暑雨长蒹葭，万柳垂阴水一涯。
何处更寻干净土，白莲花里是吾家。

这几首词都提到莲花。莲花代表圣洁、美好。莲花就是佛的象征，莲花在佛教被尊为圣物，它的寓意也是佛教文化中的主要内容之一。佛教中，以莲为喻的词语数不胜数。佛教庙宇为“莲刹”，“刹”为梵语，即净土之意。这几首词都清楚地表明了张伯驹晚年向佛的思想。

在《无名词》中大多是记游、咏花、咏怀、即景之词，有豪放的，有清新的，也有高洁和伤感的，词人的情绪大都随景而异，而景色又因词人情绪色彩而不同，请看这样几首《小秦王》。

小秦王

怕黄昏却又黄昏，独对阑干半泪痕。
犹忆旧园人散后，梨花满院月当门。

野草闲花也号梅，梦疑彩笔脱囊开。
只因不识林和靖，难向空山傲雪来。

不折杏花插满头，看来白发也风流。
金鞭走马当年事，曾是豪华傲五侯。

蒲葵挥扇坐中庭，爱看流萤早灭灯。
明日又当愁昼热，一天水碧点繁星。

这些词，充分体现了张伯驹的美在自然、美在自美的美学观，在他看来，自然美与人工美是统一的，自然性与人文性是互衬的。在这些小词里，你可看到词人淡淡的对世事沧桑的感怀，蕴涵了词人对生活、人生、自然和社会特殊的理解。古人论词多讲“词要清空，不要质实”，“清空则古雅俏拔，质实则凝涩晦昧”。张伯驹的这几首词，也正体现了这种词论。

有人说，人生好像一棵树，一半在土里安详，一半在风里飞扬，一半洒落阴凉，一半沐浴阳光。张伯驹就是这样，尤其是他的晚年。

还有一首词，也是《小秦王》，颇能代表这一年中张伯驹的生活状态和心境。

小秦王

清泉汩汩净无沙，拾取松枝自煮茶。

半日浮生如入定，心闲便放太平花。

词人在这首词后又加了说明：泉在寺（大觉寺）后小山前，流入甃池，松塔有平坛，汲水煮茶，静坐其下，此时如入定僧，心太平矣。

我们真切地感到张伯驹晚年生活真正的洒脱，词人以极为休闲的状态生活在大自然中，没有任何身心压力，也没有了社会生活中的精神负担，词人已变成与世无争的高士了。

“浮生”是一个带有佛教色彩的比喻。人生在世，就像在漫漫苦海中作短暂的浮游。李白说：“天地者，万物之逆旅也；光阴者，百代之过客也。而浮生若梦，为欢几何。”张伯驹七十岁以后近佛。以佛家语入词，也是屡屡可见。他那执着、倔强的精神有时又为那种疏放、飘逸的神态所代替。一切又仿佛处在无可无不可而顺其自然之中。

这首词也代表了词人晚年作词流畅清新、词意欢悦、直抒胸臆的风格。

同时，我们也注意到，词人晚年作词，《小秦王》一调用得最多，不用查词谱，写起来便如行云流水，直抒胸臆了。

1974 年，张伯驹已经 77 岁了，一年内却为词 200 余首，可谓高产词人，其词作天赋是惊人的。为什么说张伯驹一生，实质上就是一个词人呢？我想，这也是一个原因，著名词家周笃文先生在回忆他和张伯驹相处的这一段生活时说："过去我认为'七步诗'是不可能的事，但自从我接近张伯驹先生以后，我说那七步成诗一点都不夸大。不管作什么对象写什么诗，张伯驹濡好笔后都是一气写成，文不加点，我作为后生晚辈那时就非常崇拜。"

三

“寻旧梦，赏新秋，浮云过眼意悠悠”

——创作《续断词》

《续断词》是张伯驹1975年间作的词，也是词人的最后一部词集，堪称词人一生吟唱的绕梁余音。这一词集收入词作50余首，也是各词集中词作较少的词集。

还是先看一下《续断词》的“自序”，便可大致明了这部词集的内容和情感了：

佛云：入人世即苦境，故为出世法。而人不知也。一生得失升沉，争逐驰骋，果何所谓，比老之已至，一回首皆明日黄花，戚友凋零，妻孥纤弱，身如独夫，而耳之所闻，目之所见，又都不如意。是当归不归，而犹作续断，其不更苦乎？然佛法万事随缘，当归而归，亦自然随缘而作续断。此即即有即无，不黏不脱。佛有出世而在世者，人亦有在世而出世者，只在此心，心即佛即缘也。余甲寅词名无名词，意在知止而止，不以无名而求名好名，此后不再为词。但乙卯一年间，逢节令春秋佳日，看花游山，及友人徵题徵和，仍复有作，已过百阕。其不大背无名词之旨！余何以自剖，盖如上言。缘之未了，情之尚在，当归不归，亦自然随缘而作续断，余亦不自知也。余乙卯年为词，不事推敲，不计工拙，于余昔年词工力大差。只是当归不归，自然随缘而暂作续断耳，不能以词论也。故名余乙卯词为续断词。

乙卯除岁，中州张伯驹序。

从词人的“自序”中，可以看出，《续断词》实际就是《无名词》的继续，至于词人说“于余昔年词工力大差”，自有谦虚的成分在，但没有力求前期词作的精致、委婉，倒也是真的，但这一年间的词仍是那么直抒性情，自然朴实，又不乏奇警之句，且看他的两首《浣溪沙》。

浣溪沙

乙卯霜降后一日，独上香山赏红叶

孤鹜残霞共一天，秋光装点旧山川。霜红晚映夕阳妍。

摇落尽随心绪外，飘零半在泪痕边。胭脂坡上几经年。

前调

和君坦，倒押“年”字韵

绮梦匆匆过少年，醉边不在即吟边。老来何意向秋妍。

转绿回风余晚照，流红逝水付前川。一声长笛雁横天。

这两首词赞叹枫叶的美丽和感慨其残秋飘零的命运，有以枫叶自喻年华流逝的哀伤。词中景色壮丽、寥廓、苍劲，兼有悲凉之气。“一声长笛雁横天”，意境深远，余味无穷。有人认为，词的妙处是，在常人习以为常的景象中发现美，感悟人生。这话说得很好，“一声长笛雁横天”，就可因各人经历、情感的不同，而会有不同的理解与美感。张伯驹的词之所以美，就在于他的词多具这种特色。这两首词采用倒押韵的手法，即第二首词第一句的韵要押第一首最后一句的韵，依序类推，十分不易，但词人不愧大手笔，两首词自然流畅，没有雕琢痕迹。

这部词集还有一首《忆王孙》，更加形象地道出了晚年的孤独凄清和对一生回顾感到茫然虚空的心境。

忆王孙

大雪节前夜初雪，晨晴。和君坦

窗灯炉火夜寒浸，初雪成花飘满林。残迹晴时无处寻。湿庭心，屐齿泥粘人少临。

寒冷的雪夜，没有人来叙话，漫天的雪花倒也壮观，但天亮雪消，无处可寻，岂不像人的一生，回顾起来，好像什么收获也没有啊，连几十年的经历也化为一空了。雪湿了词人的小屋，也冷到了词人的心里。

当代词人杨绍箕先生曾回忆他20世纪70年代初去看张伯驹的情况，他说：“看到伯老每天都念好多遍‘阿弥陀佛’，还默默地把念的遍数都记在月份牌上。”

这部词集里的词有一个值得注意的地方，就是有几首咏《红楼梦》

的词，加上《雾中词》《无名词》中的几首，可以看出词人晚年多以咏叹《红楼梦》来吐露自己的感慨。

先看其《无名词》中的一首。

风入松

和邦达，答玉兰属画黄叶村著书图

写来黄叶两图同，秋意笔偏浓。满林霜色斜阳外，似当时、脂面颜容。玉骨灯前瘦影，金声树里寒风。

是真是幻已全空，难比后凋松。千年窃得情人泪，病相怜、愿步前踪。都是一场痴梦，绵绵留恨无穷。

这首词在前面谈到张伯驹与周汝昌的交谊时，已引用过一次，在这里再次引用，主要是强调词人借咏红以抒发自己的感慨。

再看《续断词》中的几首咏《红楼梦》词。

浣溪沙

乙卯八月晦日，往访西郊正白旗传为曹雪芹故居

象鼻山西有小村，荒凉矮屋掩柴门。旧时居处出传闻。

天外飞霞思血泪，风前落木想神魂。伤心来吊可怜人。

临江仙

立冬日，董意适邀游黑龙潭看红叶，并访白家疃传说曹雪芹故居

西北重峦叠嶂，东南沃野平川。九城阛阓隐云烟。寒鸦残照影，霜叶晚秋天。

斯地或非或是，其人疑佛疑仙。痴情千古总缠绵。心花生梦笔，脂砚写啼笺。

张伯驹的这些咏《红楼梦》的词，情真意切，而有些话是词意双关，既是咏红咏曹，也流露出自己的心声，如“天外飞霞思血泪，风前落木想神魂。伤心来吊可怜人”等。真是“既痛逝者，行自念也”。因为张伯驹就是一位“绝假纯真”的“真人”，他觉得自己一生就是一个“恨人”“痴人”“伤心人”“可怜人”，难怪他要“对景顾影”了。面对着曹雪芹的绝世文采，面对着传言中的曹雪芹故居，能不发生共鸣吗？

在《续断词》中，虽然大多都是触景伤悲的小词，但也有登临绝顶，举目四望，豪气犹存，气象开阔的词作。这一现象在晚年的《雾中词》《无名词》中都有存在，如上面刚刚说过的他那“西北重峦叠嶂，东南沃野平川”的词句。再如《雾中词》中有一首词，颇有千里冰封、万里雪飘、极目苍茫的豪情。

小秦王

周原上下尽铺棉，一望濛濛眼外天。

泾渭不流秦岭睡，乾坤倏换旧山川。

再看词人在《续断词》中的一首词，已不是飞花飘絮、周天寒彻的情怀，而是极目四望，一派万紫千红的热烈情绪。

临江仙

游旸台山，登鹫峰

旧侣半为宿草，新欢尽是豪英。老年行共少年行。诗笺书彩素，画笔写丹青。

金缕绿杨织就，绮罗红杏裁成。鹫峰豁目一川平。花光回晚照，春色过长城。

这首词一反上片写景、下片抒情的常规，而是上片抒情，下片写景。“旧侣半为宿草”，老朋友大半都去世了，但新朋友都是少年英俊，今天就是老年少英齐聚，有的是诗人，有的是画家，后生可畏亦可喜呀！再看这春日的山色吧，金色的阳光铺洒在生机勃勃的绿杨上面，格外灿烂；纷繁的杏花与遍山的野花裁成一幅满目鲜红的绮彩壮锦，山顶豁目，天地寥廓，长城内外，一片春色。这种人情与风情还不令人欢欣鼓舞吗？整首词情景交融，十分和谐。这么豪迈大气的词作，在作者晚年是不多见的。

但我们可以看出，晚年的词人，写景多从大处落笔，多写苍茫空阔之景，已少了《丛碧词》中那“鱼儿三尺水，燕子一帘风”“微风花乱落，小雨草丛生”的精致。这也是词人词风的一个变化。

还有一点值得注意，就是词人说，自己晚年的词大都是逢节令，春秋佳日，看花游山，及友人征题征和之作。此言不错。且从张伯驹的词作中可以看出，他和词最多的词人，就是黄君坦。黄君坦，字孝平，福建闽侯人，1901 年生，比张伯驹小 3 岁，去世于 1986 年，正是年龄不相上下的挚友。黄君坦也是中央文史馆馆员，以词赋著称，曾与张伯驹同选《清词选》，他著述更富，有《清词纪事词》《宋诗选注》等。但在张伯驹的词集里，我们并没有看到黄君坦的原作，只看到张伯驹的和词，这就给我们理解张伯驹的和词增加一些困难，且从这些和作里可以看出，张伯驹用典较多，张伯驹征答别人的词作及一些题画词，用典也较多。诗无达诂，而“词要清空，不要质实”，这就更增加了对张伯驹这些词的理解难度，因此，张伯驹的这些词是需要深入研究的。

四

“半日浮生如入定，心闲便放太平花”

——晚年词作特色

张伯驹在《续断词·序》中说：“乙卯（1975年）年间，逢节令、春秋佳日，看花游山，及友人征题，征和，仍复有作，已过百阕。”他又说：“余乙卯年为词，不事推敲，不计工拙，与余昔年词工力大差……”这当然是词人自谦之词。但我们也发现，自1973年《雾中词》起，张伯驹词作面貌确有大变，从词作中可以看出他心态自然放松、心情悠然恬适，似乎已看透了世间的一切。生活已有一份恬淡畅快足以让人享受和品咂，岁月已没有那些可令自己情绪或激昂或怨抑的事情发生，对于所处环境已随意而安、坦然相处。这种心态反映在词作中，笔者觉得就是“疏放”。疏放不同于豪放、旷达。豪放是一种意气风发的意境，是一种张扬阔达、激荡人心的风格。旷达，就是超脱，具有超尘脱俗的精神。而疏放，其实也就是“平易”，含有安闲、乐观的意思。张伯驹晚年的词作面貌就是自然清纯，直率而无所羁绊，其中有几分飘逸、狂放的个性，又有几分怡然随性的意味，一切都不矫揉造作。当然，疏放与飘逸狂放的风格也不是截然分开的，张伯驹晚年词作风格间含飘逸狂放，而以疏放为主。

那么，词人晚年的词风是如何形成的呢？陶文鹏在《苏轼诗词艺术论》中写道：“许多艺术家在青年时期豪情洋溢，风华正茂，想象丰富，作品的风格也就气象峥嵘、色彩绚烂。而到了中年以后随着人生经验的增多，思想感情愈益深沉，艺术表现功力也逐渐老练、成熟，他们在创作中有如大匠运斤，不见斧痕，最后达到一种‘非奇非怪’剥落文采，知其妙而不知其所以妙的自然高妙的艺术境界……这种平淡风格往往是艺术家思想人生和艺术已臻成熟的表现。”张伯驹正是这样，到了晚年，《秦游词》《雾中词》《无名词》《续断词》等几部词集都明显地展示出疏放的词风。这种词风的艺术特征主要有以下两个方面：

首一，直抒胸臆，用典较少或者不用典，语言自然而平易。这是疏放词最突出的特色。蒋勋先生说：“美学当中最难的是自然，不做作。”这种自然就是直抒胸臆，什么是直抒胸臆？就是作者表达的情绪和感受往往是自己的直接感受，且一泻无余。其写景就是白描，使人一目了然。张伯驹晚年词作的语言都是直截了当的，从来不做作，明白流畅，以寻常之语状平常之物、抒真实之情，所描写的景色和抒发的情感是淡雅和坦然的，流露出自己亲近自然的宁静闲适的生活情趣。

其二，不含蓄委婉，感情质朴，天真而凄美。这是疏放词的另一特色。张伯驹晚年词作大都语言直率，少含蓄之意，但生活气息浓厚，例如他的一首《小秦王》：

蒲葵挥扇坐中庭，爱看流萤早灭灯。
明日又当愁昼热，一天水碧点繁星。

真是语言质朴自然，不用典。

至于疏放词中情感的质朴真淳，更是无需多说的。

那么分析疏放词对于研究张伯驹一生词作经历和风格有什么意义呢？笔者看来，主要是对分析张伯驹一生词作发展变化的特点与原因有益，对分析、认识词人所处的时代环境也是有帮助的。

疏放词的确没有婉约词的委婉优美，也没有豪放词的激越冲动，其最大的特色就是平和、随意、旷放、淡泊。总之，这是人生情感的一种状态。婉约或豪放都是人的情感达到极致时的一种状态。人在特殊的境遇里这两种情感是比较突出的。对于一个词人来说，婉约或豪放的情感是较易区分的，最难的反而是在特殊遭遇或困境之后，在安然的境遇里始终能保持一种淡泊的心态和疏放的词风。因而，分析张伯驹晚年词作，对认识张伯驹及研究这种词风的艺术价值都有重要作用。

五

“老夫越老越精神，工夫原是不亏人”

——创作《红毹纪梦诗注》等

青年人易往前看，老年人则多回忆。进入了中央文史研究馆的张伯驹，正像一匹老骥伏枥的战马，经历了太多的风雨磨难之后，正敛势潜艺，思属风云。他成了有“闲”的人。但张伯驹不仅闲，还很痴，闲人而又痴情，则有常人不解之处。

1974 年，张伯驹除了可咏可叹的丰富词作外，还写就了研究京剧史与京剧艺术不可或缺的一部书，这就是《红毹纪梦诗注》。这一年，张伯驹因眼疾初愈，仍不大出门，闲暇之时，又回忆起自 7 岁以来，所观乱弹昆曲和其他地方戏，以及自己所演之昆乱戏，写下了七绝 177 首，又补注绝句 22 首，名《红毹纪梦诗注》。全书分三部分：第一部分为自 7 岁起所观昆乱演员及各地方戏演剧，第二部分为所观票友戏，第三部分为个人所学及所演之戏。这部书可谓从看戏、学戏，到演戏、论戏，记剧坛掌故、剧人动态，兼及社会风貌，每首诗后都附有或详或简的注释。诗既明白晓畅，文亦清新可读，虽如信手拈来，却非游戏之作，具有“以韵语记常事”的特点，不但是一部优美的诗集，又为戏剧界留下了极其珍贵的史料，对京剧历史及民情风俗的演变有重要的研究参考价值。这部书于 1978 年首先在香港中华书局出版。几年后的 80 年代初，吴祖光从香港将此书带回，希望能在内地出版。但有关方面认为，这是在用没落的情绪去看戏。这样的书，怎么能出版呢？直到张伯驹去世后的第六个年头，即 1988 年 3 月，才由宝文堂书店出版。著名戏剧家吴祖光曾评价这部书为“一部京剧史”。翁偶虹先生也曾高度评价这部书，他说：“伯驹处之泰然，大有为戏而甘于牺牲的强项精神。他就是以这种精神，把生平所见、所闻、所学、所演的京剧艺术，纪之以诗，托之于梦，完成一部艺、史、诗综合欣赏的好书。”

其中的一些诗已在本书前些章节引用。不难看出，这些诗虽属七绝，却浅显易懂，如口语一般流畅，但又毫无粗俗、浅薄之感，古人云“近事浅语，发于天然”。语言简淡到不须加注的程度，这一点是很不容易做到的，再者，词以抒情为主，易“清空”，不要“质实”，也就是说，词主要不是用来记事的。而舞台演出一类故事，的确是不易用词来描写的，张伯驹这样处理是十分得当的。

张伯驹在这一时期另一本最著名的诗集要算《续洪宪纪事诗补注》了。

当年袁世凯欲行帝制，遭全国反对，结果帝制不成，自己也羞愤而死。老同盟会会员刘成禺著《洪宪纪事诗注》，收录其回忆袁世凯称帝时的许多“珍闻秘史”，可供近代史研究者参考。不过他对这段历史不很清楚，只是凭借报纸所载，以及道听途说，拼凑而成，有许多失实的地方。后来，张伯驹就写了《续洪宪纪事诗补注》，每篇后有极为详细的注释，且是他耳闻目睹，亲历其事，其可信度是很强的。1978 年吴德铎向上海古籍出版社提出整理、出版《洪宪纪事诗》。张伯驹知道后，就寄去了《续洪宪纪事诗补注》书稿。不久，此书由上海古籍出版社出版。

由于张家和袁家的特殊关系，张伯驹父子对袁世凯及袁家家事都掌握有不少第一手资料。多年以来，张伯驹就有写一本有关袁世凯一生的有史学价值的书的愿望，早年没想到写，中年以后想写不能写，晚年事又太多没时间写，终未能如愿，这也是他人生的一个遗憾。好在有《续洪宪纪事诗补注》聊以为补，使他也聊以安慰。因此，这部书是别有一番趣味的。书的开端，张伯驹写下了一段十分感慨的文字：

> 一生短促，世事渺茫。痴者为权势名利相争夺杀伐。一部《资治通鉴》不过成王败寇。皇帝也，总统也，大元帅也，沐猴冠带，等而视之可矣，固不止袁氏有假皇也……余与项城同邑，又属戚谊，但仍从旁观者着笔，是即是，非即非，不拘时，不限事，要供后人之不知者。

吉林大学教授马大勇先生对张伯驹这两部书中的诗评价很高，认为是“诗人之诗”。他说：“伯驹诗功甚深，惟擅律绝，不耐写古体大篇耳，其《红毹纪梦诗注》与《续洪宪纪事诗补注》两组绝句秉传‘诗史’之灯，异彩披纷，满目琳琅，既是不可取替，独此一家的京剧史与洪宪复辟史，同时也是气势恢弘、体兼俗雅的大型组诗。”

六

“铜驼巷口夕阳斜，旧地重来换物华”

——天津、河南参观游

1975年的五六月份，张伯驹参加了由国务院组织的中央文史研究馆馆员参观天津、河南的活动，进行了一次久违了的特别舒心的旅游。一路上，饮食、住宿接待都很好，张伯驹情绪高涨，写了《天津参观纪事诗》16首、《河南参观纪事诗》43首，一共50余首，可见其宝刀不老，诗情仍如“井喷”，文思之敏捷，出口成章。他在一首诗中写道：“归来自觉年翻少，万象皆新现眼前。”还在“注”中说：“走了7天，每天都是高兴地回来，不唯不感觉劳累，反而好象自己年轻了，眼前觉得万象皆新。”

张伯驹的《天津参观纪事诗》，首首充满了欢快和赞叹。他在一首诗中写道：“光阴一刻值千金，白发回头感慨深。二十五年新种树，绿杨大道夏成荫。”他在天津参观了港口、油田和小靳庄。在小靳庄他写了5首诗，其中一首写道：“满野黄金未有涯，风来麦浪落轻花。人人描写丰年好，尽是诗人与画家。”他在“注”中说：“我们参观小靳庄，正是麦子将熟的时候，麦穗皆已发黄，如黄金满野，一望无际。

微风吹来，麦浪重叠，大队干部社员都能作诗、作画。”

这首诗与当时小靳庄“响遍全国、红遍全国”的背景是有关的。当时，小靳庄是江青搞的一个点，用今天的话说，就是一个假典型。全村人作诗作画，搞得“轰轰烈烈”，但其实就是根据政治需要编出的顺口溜，俨然一派“莺歌燕舞”的景象。这一切都是刻意人为的做作。走马观花来参观的人是很难了解内情的。

他在另一首中写道：“须眉一样气纵横，四德三从破锁绳。今日我就当日我，只因批透女儿经。”他在“注”中说：“街道居民女同志表演歌舞，有的二十几岁，有的四五十岁，唱演街道新事物。她们态度从容，毫不怯场。过去妇女受压迫，为旧礼教所束缚，今天的妇女已非当年的妇女，她们批判了孔孟之道，打破了三从四德的绳锁，批透了女儿经毒草，思想面貌一新。”

这首诗是很有意思的，“今日我就当日我”，完全是张伯驹一生个性的自我写照，用在这里却也活灵活现地展现了新时代妇女扬眉吐气的豪情。但他称赞“她们批判了孔孟之道”，这也是有其特殊历史背景的。从 1973 年开始，已开始“批林批孔”，孔子被贬称为“孔老二”，孔孟之道是被彻底否定的。

孔孟之道彻底否定当然不对。然而，中国的封建文化中也确有糟粕的东西。只是“文化大革命”彻底否定中华传统文化，是一种不加区别的一概否定，这种否定其实是一种政治的需要，就是“批林批孔批周公”，意有所指。而全盘否定传统文化，并强加“封资修”的罪名，则是民族传统道德、文化的倒退。但在当时“无产阶级专政下继续革命”的形势下，在所谓“新文化、新风尚”全面占领社会主义阵地的口号声中，作为生活其中的人，不管内心是否有真正的质疑，但在思想感情的表现上是很难做到“特立独行”的，甚至是自觉不自觉地受其浸染，顺从并赞美这种形势了。所以，张伯驹在这里也称赞“她们批判了孔孟之道”，也就不足为怪了。但他不赞成“三从四德”、反对封建道德的观念仍是一贯的，是值得赞赏的。

从天津回来不久，他又随队参观了河南，到河南主要是参观红旗渠，农村麦收景象和历史遗址、文物。这都是他感到新奇和深深爱好的，所以，他的《河南参观纪事诗》更加自然和优美，更多了文化底蕴。

在河南，他们一路风尘，先后到了林县、辉县、新乡、郑州、洛阳等地，参观了红旗渠，身临了黄河水，遥望了麦浪千顷，漫步在街头绿荫，又香山怀古，铜驼巷凭吊，既感振奋，更有感慨。

一路上，张伯驹诗兴大发，触目皆景，挥笔成诗，一下子写了即兴之作几十首，令人拍案称妙。张伯驹的这些旅游诗虽称不上工丽优美，但也清新自然，明白如画，直陈所见，情感沛然，且每首诗下均有解说，颇有情趣。

入河南第一首诗便写道：“西接太行南大河，无边无际尽嘉禾。麦秸垛垛闻啼鸟，处处丰收处处歌。”诗下注道：“六月二十日去河南参观，晚上车即睡，四时醒，已入河南境。见西接太行山，南临大河，无边无际，小麦丰收，闻啼鸟声，鸟无名，其叫声似乎麦秸垛垛，我乡农民即以‘麦秸垛垛’称之。”张伯驹自小在河南乡间长大，儿时麦收风景重现眼底，自然是倍感亲切。

到了洛阳博物馆，张伯驹这位文物收藏家面对文物，自然是触物生情。他看到一面唐镜，随口吟道：“宝镜团圆美绝伦，光华螺黛嵌云纹。遥知七夕长生殿，细盒金钗贮誓文。”张伯驹又在诗下注道：“洛阳博物馆有一唐镜，花纹美丽，并嵌极薄之螺钿，发现嵌螺之镜，只此一个，极为珍贵。展出者为复制品，原品已调去故宫珍宝馆。想唐明皇、杨贵妃于长生殿七夕密誓，所谓之钿盒亦当似此镜，又花钿为妇人面饰，见白居易长恨歌‘花钿委地无人收’，此亦见先代劳动人民工艺创造之精。”

张伯驹的这些诗属于七绝，其艺术特色是“真切自然，余味无穷”。绝句篇幅短小，实难过多修饰，又多吟于当下即时，所以多用比较真切自然的语言写实情实景，但又不能流于粗直浅露，而要求语言简洁明白，耐人玩味，所写之事，截取横断面，聚集于一点。

张伯驹对于诗体和词体的运用，真是达到了随心所欲、文采斐然、各有特色、巧夺天工的程度。

第七章

“歌舞全体”“尘寰永隔”

（1976—1982）

一

“银锭桥西宅不宽，黄花红叶耐霜寒”

——桑榆晚景

1976年10月，使人备受煎熬的十年“文化大革命”终于以粉碎“四人帮”为标志而结束了。工业、农业和教育、文化界都在拨乱反正，一切有违于科学、文化艺术正常规律的倒行逆施终于结束了。张伯驹是年79岁，已是暮年。但他身体尚健，精神矍铄，他在物质生活尚不富裕的境况中，过着自由高蹈的精神生活。

张伯驹与张牧石

老年的张伯驹，有两大嗜好，一是爱猫，二是爱花，尤其是痴爱海棠。

张伯驹有一张非常有名、人人喜爱的照片，他端坐在书房里，笑容可掬地抱着一只雪白的波斯猫，那猫慵懒的身体温顺地依偎在主人怀里。张伯驹身边站着一位瘦削清癯的中年人，就是他的天津朋友张牧石。这只猫，就是张牧石的女儿张秀颖送给张伯驹爷爷的礼物。

张伯驹说，猫比人好，世人多居心险恶，道德败坏、虚伪，不如猫直率可爱。季羡林先生也是很爱猫的，对猫宠爱的程度甚至比张伯驹更甚。莫非对猫，他也有着与张伯驹一样的认识？

张伯驹一生爱海棠，老年尤甚。年轻时即有咏海棠的词作，20世纪70年代以后，他更是每年必去天津，由张牧石等朋友陪着去人民公园看海棠的。每去又必有词作，可以说，张伯驹的咏海棠词也是他诗集中极有特色的一组“咏花词”。研究张伯驹的词作，这些“咏花词”是不可不读的。

张伯驹在丛碧山房寓所花园留影

张伯驹9岁时，随父亲住在天津长芦都转署，对海棠一见钟情；30岁后，居北京的西城丛碧山房，有海棠7株，每逢花季宴客于花下，“拥绛雪、花压阑干”。张伯驹青年时期的一帧照片，拿着一卷诗书留影于盛开的海棠树下，就是在丛碧山房。后来，张伯驹住在燕大附近的承泽园，园中更是有20多株海棠，“值雨流光红湿，一片迷濛”。一直到1956年搬到后海南沿，邻居家有海棠两株，盛开时每日必去，忘情花下。

青年时代，他在两首《浣溪沙·咏海棠》中称赞海棠百样娉婷难入画，十分富丽不宜诗，“人间哪有此倾城”。由此可见张伯驹对海棠的倾心可在百花之上了。

从 1971 年开始，年年去天津看海棠，年年有词。

1971 年的词为：

庆清朝

牧石游天津故李氏园，坐海棠林下，花正盛开，时有坠片

雾眩红妆，天怜白发，倾城又见佳人。娉婷万态，顿惊眼外皆春，乱落打身碎锦，散花如梦雨缤纷。流光里，剩脂湿透，半是啼痕。

纵使绿章夜奏，奈何阿娇薄命，金屋无存。东风恁妒，繁华一霎成尘。但愿醉眠不醒，楚骚体赋与招魂。飘残片，有心作箦，铺遍芳茵。

这里的“箦”，是指床上的席子，词人有心躺在席子上，浑身盖满落英，或者说，词人惜花，愿拿席子接住鲜花，让鲜花铺满。也有解释说床席铺在地上，比喻人之将死，如果这样解释，也就是说词人哪怕死去，也愿死在落英缤纷之中，不管怎么说，都说明了词人对海棠的痴情。

张伯驹为什么这么爱海棠呢？这在于海棠花的丰厚文化内涵。海棠素有“国艳”之誉，其花姿潇洒，花开似锦，为雅俗共赏的名花，

人们称它是“花中贵妃”，甚至有“花中神仙”之说。同时将它看作美好春天、美人佳丽和万物吉祥的象征。特别是海棠花成片开放时，举目望去，花团似锦，莺歌蝶舞，绚丽夺目，似云霞万朵，十分壮观。

1972年，词人再来天津，与寇梦碧、张牧石在李氏园看海棠，填词《浣溪沙》四首，其中一首云：

浣溪沙

沽上桃花也逊容，钗横鬓乱睡妆浓。锦绢笼影晕娇红。
半染啼痕三月雨，全消愁梦一天风。阑干倚遍夕阳中。

这一次可能是傍晚时分才游李氏园，也可能是看海棠直至夕阳西下。夕阳时分看海棠更是一番情味，天津的桃花也显得逊色了，半晕半啼、半娇半羞的海棠犹如噙着三月的春雨，使词人的愁梦像一阵风一样地散去了。

1973年，又来天津。陪张伯驹看海棠的人更多了，有张牧石、寇梦碧，又多了陈机峰、杨绍箕等人。这一次咏海棠，填的是《小秦王》四首，其中一首云：“七十年来换物华，雨中忆折一枝斜。颠狂不是余年事，即在童时已爱花。”词人说，一见花，就心花怒放，手舞足蹈，难以自制，好像颠狂，但这颠狂不是现在才有的呀，从小就爱花如痴如醉啊。这一次看海棠，还去了天津金钢桥花园，在金钢桥花园，词人填了一首《鹧鸪天》，其中有句云：“词一叠，酒三巡，这时未醉已销魂。”

1974年，张伯驹在一首《小秦王》中说：“落英满地成茵席，愿作长眠易箦时。”“易箦”就是比喻人之将死。词人干脆在词后补记一段话，把这个意思说了个明白：“天津故李氏园海棠成林，每岁皆与津词家联吟其下。风来落英满地，如铺锦茵，余愿长眠于此，亦海棠颠也。”

张伯驹之爱海棠，是否同林和靖之于梅花呢？

我们从张伯驹的咏花词里，看到他像鲜花一样的纯洁高雅和直率，他有着鲜花一样的赤子之心，一生是那样的闲逸高洁、本真。

《张伯驹词集》中咏花词很多，除咏海棠词外，较多的则是咏杏花，还有梅、兰、荷、桂、合欢、水仙、芍药等，还有那些素朴低微、不大为常人关注的植物之花，如他咏槐花、咏牵牛花、咏蓼花、咏樱桃花等。在吟咏时，流露出张伯驹一颗爱美、纯净的心，也寄托着他的人与花与岁月的兴亡之叹。有人说张伯驹“一生只为看花忙”，这是颇有些意思的，至少说出了张伯驹生活中“乐此不疲”的一个事实。

如果把张伯驹的咏花词集中起来，分类编排，无疑是古今词人中一本独具特色的词集。

1978 年，迎来了改革开放的春天。看花填词，已不可能是张伯驹生活的主要内容了。

传统文化可以研究了，传统戏剧可以上演了，琴棋书画、诗词歌赋全都获得自由了，张伯驹也渐渐忙碌起来了。

1978 年 9 月，所谓“攻击江青”一事被平反了；1979 年 3 月，张伯驹错划右派的问题也被昭雪了。他关心的就只有他的艺术，中华传统艺术的传承了。

张伯驹的日程排得满满的。他要随国务院组织的文史研究馆参观团赴南昌、井冈山、长沙参观；他要前往钓鱼台国宾馆与刘海粟夫妇会面。

他要赴青岛、烟台为国家外贸作书画。

他要应中山书画社之邀，去讲《文学、书法与绘画之关系》。

他要应刚刚恢复的北京古琴研究会的邀请，参加活动。

张伯驹来去匆匆的同时，一顶顶艺术的桂冠也纷纷向他抛来：中国书法家协会名誉理事、北京中国画研究会名誉会长、北京戏曲研究所研究员等，五彩斑斓。

这一时期，张伯驹热心的还有戏剧。1980 年，张伯驹和丁至云在天津演出了京剧《打渔杀家》。是年，张伯驹已经 83 岁。但从他此次的剧照看，身段稳健，神情专注肃穆，其气概英武不让当年，很难让人相信，这是一位 80 多岁老人的扮相。

这一年 4 月，张伯驹应天津市文化局邀请，赴津为京剧演员及京剧研究者作了一次京剧讲座。

千头万绪，张伯驹忙得团团转，但他最关心的，他这一时期所奔忙的一件大事，就是韵文学会的成立。

早在 1957 年，张伯驹就与章士钊、叶恭绰联名致书周恩来总理，对古典诗歌的创作和研究提出了看法，倡议成立北京韵文学会，得到了关注和肯定。可惜的是，不久反右派运动开始，韵文学会的事，无疾而终。

1980 年，张伯驹和丁至云演出《打渔杀家》，张伯驹（右）饰萧恩，丁至云（左）饰萧桂英

在接下来的十几年

中，中国古典诗词不提倡作了，报刊上也基本不发表格律诗词了。张伯驹又因所谓“反动诗词”祸端不断。但他对中国传统韵文却一往情深，至死不悔，现在机会来了，春天来了，多少人热心成立韵文学会，于是张伯驹就亲自执笔撰写了《成立中国韵文学会倡议书》，其中说：“我国文学有散文、韵文两类，其韵文部分包括诗、骚、歌、赋、词曲，在韵律四声五音对仗上有其特殊艺术，为世界各国所罕见。从《诗经》、《离骚》起已有3000年历史，其后名家辈出，竞秀争流。可是近代以来一直缺乏重视，对培养人才不够，以致出现后继无人的局面……这种状况如果不加以挽救，势必造成中断和失传。这既不符合党对文化遗产的政策，也不适应国际上文化交流的形势。”

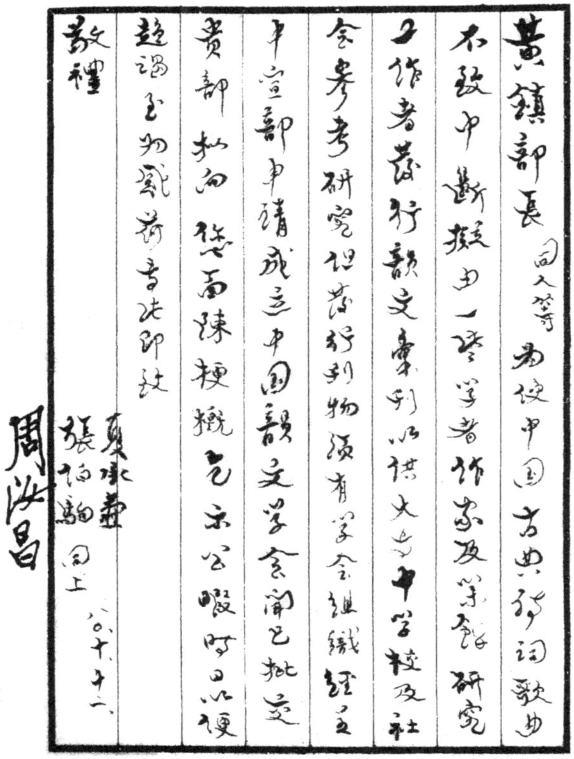
黄镇部长：
同人等为使中国古典诗词歌曲
不致中断，拟由一些学者、作家及学术研究
工作者发起诗词韵文集刊以供大专中学校及社
会参考研究，但发行刊物须有学会组织，经呈
中宣部申请成立中国韵文学会，闻已批交
贵部拟向 您面陈梗概，乞示公暇时日以便
趋谒，至为感荷，专此即致
敬礼
夏承焘
张伯驹
同上
周汝昌
八〇.十.十二.

1980年10月，由张伯驹执笔，夏承焘、张伯驹、周汝昌就成立“中国韵文学会”联名致文化部部长黄镇信札

张伯驹不说则已，一说就是大实话，而且语言尖锐。

1980年10月，张伯驹又与周汝昌、夏承焘联名致函文化部部长黄镇。

去文化部送这封信，是张伯驹让外孙在寒风中用自行车驮他去的，到文化部时还不到上班时间，张伯驹就坐在台阶上等。10 月下旬的北京已经很冷了，8 点过后，文化部党委统战部部长王莲芬赶来上班，发现一个 80 多岁的老者坐在那里，非常感动和不安，赶紧把他请到屋里，说你有什么事可以跟我讲，张伯驹就把给黄镇部长的信交给了王莲芬。王莲芬又说，你这么大年纪了，以后就让你的学生来吧。张伯驹说好，就让周笃文来吧。此后，再往中宣部送材料，找周振甫、邓广铭、王力等名家联名的事，就交给了周笃文。

后来，韵文学会的事终于成功了，决定挂靠到湖南湘潭大学。等到这些事基本办妥的时候，张伯驹已经病重住院了。

1984 年，韵文学会在湘潭大学成立，创办了《韵文学刊》。这是新中国成立以来，第一个由民间发起的有关中国韵文研究传承的学会。

二

“珠玑信手碧丛丛，翰墨随心字字工”

——《丛碧词话》的发表

韵文研究和韵文创作，恰如冬去春来之后的鲜花，渐次开放，姹紫嫣红，热闹起来。

华东师范大学已退休的教授施蛰存也被平反复职。他于 1979 年开始考虑筹办《词学》集刊，正在全国联络编委，张伯驹当然是必选编委之一。

施蛰存与张伯驹此时还未见过面。施蛰存知道张伯驹还是因为 1956 年他们同时被聘为《文汇报》副刊《笔会》的作者。但不久，施蛰存与张伯驹都被划为“右派”，就失去了接触的机会。

1981 年 7 月，施蛰存借着带领研究生到北京图书馆查阅资料的出差机会，在周笃文的陪同下，拜访了张伯驹。二人相见，果然是天性相通，交谈甚欢，张伯驹欣然接受《词学》编委的聘请，并同意自己的《丛碧词话》在 1981 年 11 月出版的《词学》创刊号上发表。

《丛碧词话》是张伯驹 1961 年就已完成的著作，也是张伯驹有关词论的一部宏富、系统的力作。早些年油印本已在词友间传阅，这一次恰逢《词学》创刊，终于有了正式发表的机会。

张伯驹在民国时期的词坛已很有名，地位崇高，与沈祖棻有“南沈北张”之誉，与学人夏承焘则并称为南北两大“词宗”。当代著名学者、红学专家周汝昌对张伯驹的词作更有极高的评价，称“中国词史当以李后主为首，而以先生（张伯驹）为殿”。

改革开放以后，张伯驹声名日隆，但他的词名始终为其文物收藏家之名所掩。这当然与文物收藏的巨大经济价值迅速展现，古典诗词的诵读与创作仍属精神文化层面以及远未普及更有待提高的社会情形有关。但笔者相信，在文物收藏、拍卖日益升温的情势下，对张伯驹词作的热爱和研究也必然会引起更多的关注和深入了解，随着人们对中华传统文化的继承和传扬，张伯驹词作的价值也必会日益为人们所认识。

但目前学界对于张伯驹词作与词论研究的文章还不多。对张伯驹词研究较为系统深入的论文以华东师范大学谢燕的硕士论文《张伯驹词研究》影响较大。另外尚有单篇论文，如著名学者冯其庸先生的《旷世奇人张伯驹——丛碧老人诞辰一百一十周年纪念》，郑州大学教授杨嘉仁先生的《张伯驹及其〈自书春游词册〉——纪念丛碧词人逝世三十周年》，著名学者、诗人、山西省高级人民法院原院长寓真先生的《“天地与心同一白”——浅谈张伯驹词的境界》，吉林大学教授马大勇先生的《“天荒地老一真人”：论张伯驹词》，解放军空军工程大学教授姚平的《张伯驹词浅析》，中国艺术研究院博士秦燕春女士的《论近代二公子词：袁克文和张伯驹》等；而对于《丛碧词话》的研究，则以台湾师范大学林佳蓉教授的《张伯驹〈丛碧词话〉探究》和华东师大的博士金春媛的《张伯驹词话：20 世纪王国维之后的词论佳构》较有代表性。而这两部论著都发表于 2017 年，这也很好地说明了社会对张伯驹词作的热爱和研究也在迅速升温。

林佳蓉的《张伯驹〈丛碧词话〉探究》，主要从张伯驹对历代词作时代特色的诠释、对词人词作的评论和创作鉴赏的主张等三个方面，加以详细解读和分析。

在对历代词作时代特色的排序中，林佳蓉认为张伯驹最肯定五代南唐的词风。而词人典范以周邦彦位居第一，为北宋词之代表；南宋词之代表则是吴文英，吴词佳处，除有色绘修辞之美以外，内在情感的真挚、语言风格的典雅，是张伯驹称许吴词的重要原因。

在张伯驹对词人词作评论方面，林佳蓉认为，词人与词作是整部《丛碧词话》最为关注的焦点，也显见张伯驹对词人作品的重视，张伯驹依时代顺序评点词家名篇、典范词作的方式，试图将词的意义、价值、风格、句法归向型范化。张伯驹还大量援引前人的词评，使《丛碧词话》涵容的评论声音更为多元，交锋论辩理解更为精微，读者也从这里看到了张伯驹“才、学、识”的广厚。

在创作鉴赏部分，张伯驹着重琢句炼字的自然优美，与声律平仄的和谐美听。“自然”，是张伯驹论词用字的重要依准，此亦是北宋词风之特质。张伯驹重自然，尊北宋，乃是一脉相承。

在这一点上，谢燕具有同样的看法，她认为，张伯驹论词有一种“自写性情”的主张。主情，是张伯驹论词、谈艺的立论基石。张伯驹的小令中多率情之作，往往就是眼前景色，抒写内心情感，自然而发，生动感人。姜夔曾谈到词有四种妙境，其中之一为“自然高妙”，这种主张与张伯驹“眼前有景道不得，能道得便是好词”的看法是一致的。总之，张伯驹词论的核心就是其主张词要有感染人的含蓄空灵的意境和打动人心的诚挚深婉的抒写。

姚平教授也认为张伯驹的词情深味厚，直抒性情，淳雅而直率，认为“张词如行云流水，珠圆玉润，如天章云锦，织成无缝天衣”。这是张伯驹词作的特点，也是张伯驹词作的主张。

金春媛博士的论文《张伯驹词话：20世纪王国维之后的词论佳构》对《丛碧词话》也给予很高的评价，认为20世纪王国维的《人间词话》的发表对于20世纪词学批评理论有着划时代的意义。与王国维相比，张伯驹的《丛碧词话》是20世纪继王国维《人间词话》之后又一难得佳作。

整部《丛碧词话》可谓汇集张伯驹一生读词心得及治词的经验。张伯驹为人真纯率性，通脱潇洒，他以倚声家的角度，对于词史的把握及对于具体作家、作品的分析、评判，包括对于词体的特点及意境创造所进行的分析与辨析，皆十分诚挚、中肯。

金春媛归纳张伯驹的词论主张主要就是主性情，重本色，注意声情与词情并举。

总之，张伯驹的《丛碧词话》展现出词评家才、学、识三具之长。他以深厚的古典文学艺术涵养、抒情浓郁的生命本质，来撰写《丛碧词话》，使《丛碧词话》的文字呈现出一种深雅而又温和的自信，切实明白的剖析能力。对这部词话的深入研究可为21世纪词论研究提供有益的借鉴。

三

“树木新栽休斧伐，青山常在有柴烧”

——创作《素月楼联语》

张伯驹一生除痴心于词的创作以外，还热心联语的创作。

“联语”，也称对联，它和“诗钟”都是中国特有的文学样式，属于韵文的范畴。楹联，又叫对联。据说楹联产生于五代后蜀国孟昶之时，宋朝时逐渐传到民间。楹联又是中国的特产、专利，是世界上独一无二的艺术，短小精悍、独立成趣。楹联是一种对偶文学，讲究对仗工整，平仄协调。楹联内容很丰富，可谓包罗万象，有的蕴含哲理，发人深思；有的抒发情怀，动人心魄。许多流传久远的楹联逸趣横生，令人叫绝，具有极高的美学价值。楹联从内容和功能上看，则有名胜、题赠、喜庆、哀挽、谐讽、文学、行业杂题等类别。有一年，曾是“皇太子”的袁克定过60岁生日，其时他已穷困潦倒，张伯驹前往祝寿，题赠一联：“桑海几风云，英雄龙虎皆门下；蓬壶多岁月，家国山河半梦中。”就很耐人寻味、让人感慨。

从形式上楹联又有嵌字联、集字联、回文联、叠字联等特殊形式。特别是嵌名联，难度较大，因为各人的姓名并非楹联作者能事先设想的，既要得体、通顺，又要富有内涵和情趣，颇为不易，而张伯驹在这方面不愧是奇才。他作的联语多用“藏头”嵌字格，字数整齐，音调和谐，短小精悍，词义贴切。例如嵌名联有“赠史树青”：“树木新栽休斧伐，青山常在有柴烧”；“赠张牧石”：“牧野鹰扬开地阔，石头虎踞望天低”；“赠李克非”：“克勤克俭常勤俭，非色非空即色空”；“赠冯大彪”：“大魁丹桂悬金榜，彪焕珠帘卷玉钩”。分别将“树青”“牧石”“克非”“大彪”嵌入上下联的开头。

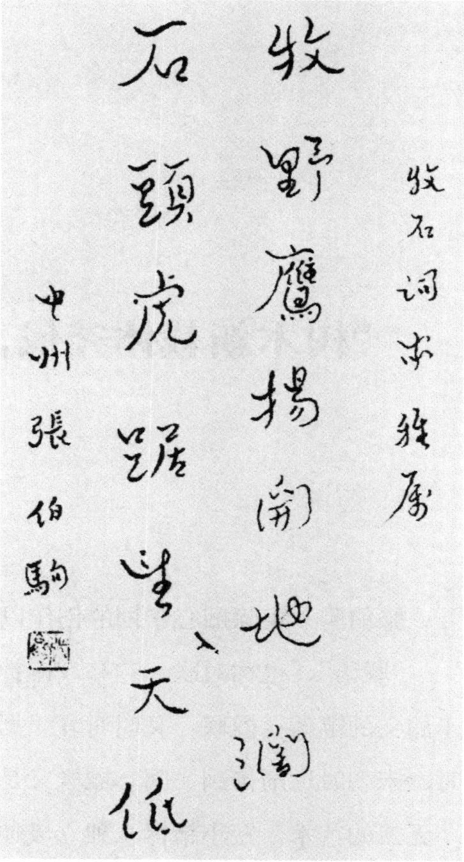
张伯驹赠张牧石嵌名联

十年动乱结束后的一天，梅兰芳夫人福芝芳做东请张伯驹。因为心情愉快，平时很少喝酒的他，在饭桌上吃了两盅，微醉归家，昏昏沉沉地睡了一阵子，醒后即提笔为福女士成联一副：

并气同芳，入室芝兰成眷属；

还珠合镜，升天梅福是神仙。

上下联分别嵌入了“梅兰芳”“福芝芳”夫妻姓名。妙手天成，虽是偶然得之，确是珠联璧合。只是这副对联写好没几天，福芝芳就去世了，“梅福”都是“神仙”了，张伯驹怎么也没想到，竟一联成谶，使他为之浩叹不已。

张伯驹曾送冯其庸一副联语：古董先生谁似我，落花时节又逢君。这一联读来看似无奇，但得来确实不易。因为这是一副集句联，两联都是用前人的成句。上联是《桃花扇》中的一句，而下联则是杜甫的《江南逢李龟年》诗中的一句。上句是作者自况，下句说两人的交往。而这里的“落花时节”不是杜诗里的自然季节，而是说他在晚年才遇上了冯其庸。这副对联竟成了他一生联语的绝笔。冯其庸收到这副对子还没来得及感谢，张伯驹就去世了。

张伯驹的联语既含义美好，富有哲理，又豪放雄浑，实为诗句珍品。张伯驹著有《素月楼联语》一书。实事求是地说，今天能欣赏并进而能创作出既美且富有持久生命力的楹联的人是越来越少了。

《素月楼联语》是张伯驹于1961年编著完成的一本汇集古今对联谐语趣事的书，选博取精，意趣高雅，言简意赅，通俗易懂。张伯驹在原书自序中曾称其编著主旨为：“其道虽属雕虫小技，然存其梗概，以便后学，不使成绝响可耳。”

这本书，细品联句，可启人神思，故事性强，几乎全是一个个小故事。然语言又不啰唆，既给人以丰富的历史知识，又给人以文化艺术的享受，如在祠宇、名胜部分，张伯驹选取了这样两联：

灵川县诸葛祠有联云：“梁父吟成高士志；出师表见老臣心。”又云：“成大事以小心，一生谨慎；仰流风于遗像，万古清高。”

灵川在今广西桂林市，这副联语是赞颂诸葛亮高风亮节的，既令人生景仰之心，又教人行事要则，颇含哲理。

宣城太白楼有李成谋联云：“大江淘尽英雄，山经百战楼仍在；诗卷长留天地，人往千秋酒不空。”宣城位于安徽省东南部，此联上联感怀历史而叹太白楼幸存，下联写李白诗酒流芳。这副联语气势豪壮，景象开阔，仰慕李白诗风又令人淘涤心胸，可谓一副名联。

《素月楼联语》完成于1961年，那时正是张伯驹被打成“右派”，遭人冷眼，而又处于三年困难时期，先生能在此逆境下，平心静气，忍饥挨饿，忘情在古文化的传承事业中，足见张伯驹精神的丰富、广博和心外无物的心胸，我们也由此理解了他为什么能在世事风云激变、人情冷暖无常的景况下那样淡定从容。1974年，张伯驹又对此书作了修改、补充和完善。

四

“一病翻思知万事，余情未可了前缘”

——词人千古

改革开放初期，人民的物质生活还不是很丰富，张伯驹依然生活在温饱尚可、家居简陋的生活中。20 世纪 80 年代初，他的朋友宋振庭已调到中央党校工作，有一年冬天，宋振庭来看张伯驹，他那后海南沿的小院已很破旧，室内陈设简陋。客人坐在凳子上，屋里生着炉子，烟熏火烤。但张伯驹言谈自若，一副平和、恬淡的神情。

这一时期，著名画家黄永玉先生曾绘过一幅《大家张伯驹先生印象》的画，流传甚广。画面上，身材高大、晚年略显微微驼背的张伯驹，头戴毡帽，满脸皱纹，身穿农村常见中式宽大棉袄，腰间似还系一带，蹒跚行走，孤寂索寞。毫无疑问，就是一个饱经沧桑的朴实的老农形象，但谁能知道他学富五车，思接千载，视通八极呢？黄永玉在画的“序”中又说：张伯驹在西郊莫斯科餐厅“坐于小偏桌旁。餐至，红菜汤一盆，面包四片，果酱小碟，黄油二小块。先生缓慢从容品味，红菜汤毕，小心自口袋取出小手巾一方，将抹上果酱及黄油之四片面包细心裹就，提小包自人丛中缓缓隐去，余目送此庄严背影，不忍他移……”

这就是日常生活中的张伯驹，但精神生活中的张伯驹则与此判若两人。张牧石回忆一次他和张伯驹在天津看海棠的情形，他说：“在李氏园看海棠，一次较晚，园中一片海棠多繁英落地。先生看着满地纷飞花片，说，我如能卧此芳茵，将来逝去，亦人生最美之终了。”此语基本上与他咏海棠诗后的自题无异。

这就是朴实、高雅、旷达的张伯驹！但张伯驹1975年以后，确实不大赋诗填词了。词人老了，词人累了，不料到了他生命终结前的一瞬间，他又情深意切地赋了诗，也填了词，这诗这词，寄托着他对祖国统一大业的美好期盼，也回忆了自己的一生对祖国、对传统文化的感恩和痴情，并真诚地寄希望于未来，万世太平。

20世纪80年代以降，随着社会环境的宽松，以及传统文化的逐渐回归，张伯驹的价值又重新被人们认识，他的社会地位也不断提升。

1981年元宵佳节，民革和中山书画社举办了一次聚会。作为社长的张伯驹发现与会者中没有台湾方面的代表参加，非常惋惜。他热切地盼望着有那么一天能和台湾地区的学者、同行们共聚一堂，切磋学问。恰好当时的盛会上，邀请的有刚从美国回大陆探亲、访问的黄花岗烈士方声洞的胞妹、著名画家方君璧女士。张伯驹听闻非常高兴，马上会见了方君璧女士。同行相见，异常亲热，三句话不离本行，张伯驹又邀方君璧吟诗作画，并且自己带头，即席赋词一阕。

浣溪沙

玉镜高悬照大千，今宵始见一年圆。银花火树夜喧阗。

隔海河山同皎洁，阋墙兄弟早团圞。升平歌舞咏群仙。

词中流露出老人切盼祖国统一的渴望，方女士带头鼓掌，张伯驹欣慰地笑了。

转眼到了1982年春节，一场疾病突如其来，张伯驹被送到了附近的北大医院。

病来如山倒。张伯驹连日昏迷，七八日后病情方有好转，那一天是2月25日（农历正月二十二），正是他85岁生日。

上午10时许，有人来访，医生劝阻：“病人情况尚未稳定，不宜见客。”

但张伯驹还是从病床上挣扎起来，因为这位客人是远道而来的张大千的孙子张晓鹰。第二天他就要远赴美国，这次是奉祖父之命特地看望张伯驹的。

张伯驹握着张晓鹰的手，泣不成声。稍稍泪止，张伯驹就斜靠在被子上，张晓鹰坐在病榻的一头。灯光一闪，留下了一幅永存的纪念照。

客人走了，张伯驹却思绪难平，他心里又有了诗作。

下午1时，《文物天地》主编、他的朋友王禹时前来探望。老人请他取来笔纸，录下他刚刚吟成的一首七律和一首《鹧鸪天》词。这是他一生的总结，也是对祖国统一的热忱希望。

张伯驹与张大千之孙张晓鹰医院留影

病居医院

张大千兄令长孙晓鹰赴美，
来视并拍照，因寄怀大千兄

别后瞬经四十年，沧波急注换桑田。
画图常看江山好，风物空过岁月圆。
一病翻知思万事，余情未可了前缘。
还期早息阋墙梦，莫负人生大自然。

鹧鸪天

病居医院至诞辰感赋

以将干支斗指寅，回头应自省吾身。莫辜出处人民义，可负生教父母恩？

儒释道，任天真，聪明正直即为神。长希一往升平世，物我同春共万旬。

张伯驹到了生命的最后，还在期望着炎黄子孙“早息阋墙梦”。他留恋祖国，留恋人生，还要“物我同春共万旬”。

2月26日上午10时，张伯驹的心脏停止了跳动。

张伯驹溘然长逝的消息由《人民日报》《光明日报》发布，并通过电波传到台湾、传到香港、传到世界各地。香港《大公报》《新晚报》接连发了消息。

追悼会上，鲜花簇拥着张伯驹的遗像，大厅里挂满了人们送来的挽联。他的好朋友宋振庭送的挽联上写着：

爱国家、爱民族，费尽心血，一生为文化，不惜身家性命；
重道义、重友谊，冰雪肝胆，赍志念一统，豪气万古凌霄。

民盟中央副主席千家驹在张伯驹追悼会上对众多追悼者说：

我参加的八宝山追悼会不知道有多少次了。很多人的悼词上都无一例外写着永垂不朽。依我看，并非都能永垂不朽，真正的不朽者，张伯驹是一个。

张伯驹，一位可爱、可敬、淳朴、奇特的艺术家去世了，中国艺坛的一颗巨星陨落了！

张伯驹一生从诗词中走来，又在诗词中走完了自己的一生。他临终之时的这几首诗词，是他诗词生命的回光返照。

词，使他在人生80多年的风雨中，得以保存自我，没有落入平庸、粗糙与毁灭；词，在很大程度上成了他生命的寄托，也给了他前行的勇气和力量。

近日，看到一篇文章《迦陵仙音，遍十方界》，有人问诗词大家叶嘉莹：中国古典诗词会灭亡吗？叶嘉莹答：我以为不会。中国古人作诗，是带着身世经历、生活体验，融入自己的理想意志而写的，他们把自己内心的感动写了出来。千百年后再读其作品，我们依然能够体会到同样的感动，这就是中国古典诗词的生命。因为只要是有感觉、有感情、有修养的人就一定能够读出诗词中所蕴含的真诚的充满兴发感动之力的生命，这种生命是生生不已的。

又问，诗心何以不死？叶先生认为，须从小我之境超出来，走向天地大我之境，天地外摇荡内心而诗成，后人读书而心动，久而诗心成。有此诗心，触景生情，情不自已，而诗词生，于是生生不息，至于无穷。

叶嘉莹先生这些话说得真好，她说出了中国古典诗词具有永恒生命力的原因。我以为这些话同样适用张伯驹词作；张伯驹词作之美之真诚，一定会感动我们，让我们诗心生成，从小我之境超脱出来，走向天地大我之境。

附　录

张伯驹的遗产

孙　郁

老友靳飞作《张伯驹年谱》，未印之前有幸过目。我自己对张伯驹知之甚少，所识者不过冰山一角。靳飞说此书几易其稿，凡十余年，拳拳之情，透在纸间。书中涉猎旧闻颇广，史料亦多。闲时阅之，峰回路转之中，忽有神灵扑面之感，见到了诸多未见之景。年谱不仅是陈迹的罗列，亦能成人间长调，其间可咏叹者，一时无法说清。

张伯驹是个奇人，用靳飞的话说，他一生“牵扯到晚清、民国、共和国等几个时代的政治、社会、经济、文学、艺术、军事等诸多方面”。章诒和的《往事并不如烟》，写到张伯驹的片影，乃溅血的声音，是一部痛史。那是我初次接触他的史料，被深深感染。近来看上海古籍社《张伯驹集》，渐知其文采，觉得其文章、诗词均有妙处，为现代以来少有的文物专家、戏剧家和诗人。靳飞所作年谱，较前人的叙述更全面、具体，对一个人与一段历史的描摹，维度也大了。兴亡之变，荣辱之声均在，感慨之间，怅然之气隐隐。读这本书，对我来说是一次补课，这些在大学的课堂上也不易见到的。

民国至今，文化的变异很大，世道人心都不同以往。张伯驹生于乱世，偏偏情系传统，于琴棋书画中得诸多乐趣。往来于政商之间，却没有染有政商界的积习。且用自己的资源抢救文化遗产，谈艺、收藏、演戏、教学，古文明的遗绪悄然流动。他在颠簸之间，所作所为，均非己身小利，爱在文明的途中，且含着不灭的梦境，那种痴情，我们在现在的文人那里已不易见到了。

在现代史上，激进的文人之声后来覆盖了文坛，士大夫的情调则有落伍之嫌。张伯驹是易代之际的闲人，他从事的事业，都非主流的，今天的青年人能得其妙意者恐已不多。他唱戏、填词，写楹联，鉴赏古字画，看起来都与新文化无关，格式、趣味与革命的文艺也相去甚远。因为闲，便没有火气，保留了士大夫好的传统。一言一行，都有传统里中的真气。有趣的是，张氏不仅闲，还很痴，闲人而又痴情，则有常人不解之处。我们看他的诗文，对古董、旧画、历朝书法，均有心得。尤其言及梨园的旧事，形神兼备，非一般鉴赏家可及。他虽痴情，却不贪恋，能够以远世的态度面对诸多美物，佛家的空无思想也含在其间。故拿得起，放得下。以为一切都转瞬即逝，唯爱在人间，美不被尘世遮掩，则心满意足矣。

梨园里的气氛里，因为有张伯驹、齐如山这样的文人在，文化的水准便与诗文与哲学齐肩，有了非同寻常的味道。张伯驹对梅兰芳、谭鑫培、余叔岩的理解，是学术的与诗的。他把京剧与佛学，与审美的最高境界连为一体，便知道如何把握其发展的脉络。《红毹纪梦诗注》关于梨园旧事的勾勒，乃民国戏剧史的一页，看出舞台艺术的真谛，那是内在于戏剧美学之间，有圈外之人所不懂的所在。他在其间领悟到凡俗之外的东西，人间的极致之美于此可得一二。《佛学与戏剧》一文就讲到戏剧的审美妙处：

依予研究结果，佛学与戏剧，同是彻底解剖人生，以为积极维持人生永远安宁之工作。佛学以真我置于旁观地位，而以假我为一切化身，以解剖人生。戏剧则忘其假我，以真我为一切化身，以解剖人生。一为写意，一为写实；一为由原质而生方法，一为由方法而反求原质；一为由高深而趋浅近，一由浅近而入高深。取法不同，归宿则一也。

这分明解释了深浸梨园的原因，不都是简单的观人看事，也是悟道求真的选择。他知道，在一个风云骤变的时代，自己不是改革社会的人物，但却可以找到安顿自己的生命之所。新的事物可以存放自己与否，不得而知，但过往的文明里有这样的遗存是无疑的。他对古代文物、宗教、文学，都有心得，其诗文出笔不凡，有超俗的境界。在他那里，几千年的文明系于一身，古风纯而秀美，似乎也染透了心绪，就有了几多奇音。

在中国，一个人的学问如何，看他对美术的理解，对诗词的体悟，对佛教的认识，便可知道大概。张氏解析历史遗物，好奇心里有生命的温度，能够驻足于文明里的闪亮之地，历史遗产与其生命已经息息相关。他以这样的心境进入梨园，舞榭楼台，就多了诗心和快意。

这样一个心怀天下、颇有爱意的人，却一直在厄运之间，说起来是一个悲剧。早年遭兵匪之患，晚年划为右派，流放到东北，所牵连的人事与文事非一句两句话可以说清。但也恰恰因此，他对历史与文明的认识，则有切肤之痛。知道自己应当做些什么，不应当做些什么。我想，靳飞作此书，便在于其内在的感动吧。

五四之后，新文人吐故纳新，有诸多佳作问世，遂引领着社会风潮。像张伯驹这样的人物，看到了革命的不可避免性。但以为文化的革命，则应小心谨慎，不可把文化的遗产简单视之。我们看他论述戏剧与革命的文章，则可以感到，他是有济世之心的人，主张文化里的静的一面。近代以来的革命，在动的一面甚多，忘记了文化的安静的益处。中国文化的精妙之气，在于超时空里的安静。古老的遗存定格在生命深处，外面的风雨如何变动，均不能撼摇其本性。于是在晦暗之地有奇光闪烁；于风雨之夜能有安定之所。张伯驹的文化理念，其实并非落伍者的选择，至今想来，那温润的词语与旷达的情怀，岂不正是今人所需要滋润者？旧的戏文与辞章，乃几代人精神的积淀，是粗糙生活的点缀，也系由无趣进入有趣的入口。张伯驹深味我们的时代缺少什么，于是苦苦寻梦，且与世风相左，那恰是他不凡的地方。

我注意到，他平生留下的文字不多，除《红毹纪梦诗注》外，还有《续洪宪纪事诗补注》《丛碧词话》《丛碧词定稿》《素月楼联语》《春游琐谈》《丛碧书画录》等。年谱据此发现了许多生平史料，眼光是中正的。我于此看到其知识结构，觉得那一代人的杂学里，有文化中最美的元素，这些在如今的文学学科里已经没有多少位置，被认为是一种小道。但其实我们细细查看，则有文史里贵重的存在。我们从中所得的，是在新文学里所无的东西。比如他的书画题跋，几乎篇篇都好。所谈的名画、名人笔记，鉴赏的深度外，还有知识的趣味。明清之后，士大夫喜欢写短的书话，从钱牧斋到纪晓岚，从知堂到黄裳，写过许多美文。张伯驹与他们不同，他写的文字，都与实物有关。从古人的遗迹里，摸索历史线索，又谈及思想与诗趣，就没有空泛的感觉。文明在他眼里，是形象可感的存在，触摸到的文与画，可激发我们对遗产的爱意。所藏的晋陆机《平复帖》卷，唐杜牧《张好好诗》卷，宋范仲淹《道复赞》卷，宋黄庭坚《草书》卷，均为国宝，都捐给了国家。言及这些作品时，鉴赏的眼光独特，有了诸多妙文。他在谈论书画的题跋里，常能道出原委，又点明真伪，于线条色彩与气势间，揣摩古人心境。比如在《唐李白上阳台帖卷》就说：

> 太白墨迹世所罕见，《宣和书谱》载有《乘兴踏月》一帖。此卷后有瘦金书，未必为徽宗书。余曾见太白摩崖字，与是帖笔势同。以时代论墨色笔法，非宋人所能拟。《墨缘汇观》断为真迹，或亦有据。按《绛帖》有太白书，一望而知为伪迹，不如是卷之笔意高古。另宋缂丝兰花包首亦极精美。

文字老到而有见识，乃鉴赏家的妙笔。他对民间流传的艺术品，多有警觉。知道什么是赝品，什么是杰作。现在从事文物鉴定的人，多不会写文章，有语言功底者不多。而他笔锋从容明快，如久历沧桑者的独语，文人雅事，悉入笔端。我们这些后来的人，对其遗文，只有佩服。

从年谱的资料和《张伯驹集》看，他是个很通达、幽默的人。既能够写出词学研究的妙文，又能记艺林俗事，于正史之外得到启悟。我喜欢他那些关于文坛掌故的文章，印象是比郑逸梅的艺林闲话不差，《世说新语》的智慧也常出现在笔下。有趣的是他对伪道学的态度，那看法与太炎先生的观点颇为接近。《道学先生》一文讽刺朱熹以来迂腐的文人荒谬之迹，六朝人的笔触历历可见。他对民国往事的勾勒，雅音有之，闲笔亦多。比如《职官考》，写民国官制的可笑，参之民间笑话，批评的眼光与新式文人很是接近。张伯驹在述往的文字里，能够跳将出来，以历史的眼光反观旧物，又有批判的精神，则是旧式士大夫少见的风采。我们从他欣赏章太炎、黄侃、吴承仕的行迹里，读出旧文人气里的忤逆精神。他在新旧之间的选择，原也复杂得很。

这样的文人，我们过去统统把他们归为旧式的遗老，其实是一种误解。新文学史不太讲这类人的文字，就遗漏了民国文化的一道重彩。我这代人，受到“文革”的影响，对张伯驹这类旧派人物，多有隔膜。旧戏、旧事、旧画，都视为废物，不敬的地方很多。我在博物馆工作多年，与历史的旧物接触，发现自己竟是艺术的盲人，对许多遗产均很无知。再后来读到那些被打倒的文人的旧作，有许多的高明之处，遂叹近代革命的残酷。中国社会的悲剧，在于对文化的破坏未曾间断。而历史的精妙之所，常常在那些喜静的文人之中，他们倒是延续了民族的精神火种。张伯驹保存的字画，均系国宝，价值连城的。官方所忽视、蔑视的遗存，他却以性命存之，成了历史的佳话。

年谱所谈的话题颇多。作者旁征博引，虽只列资料，而臧否之意存焉。我看这部年谱，对晚清的一类知识群落有了兴趣。这个群落，过去被视为遗老者而鲜谈，但他们的存在，对旧的遗产的存在，真的重要。张伯驹与张大千、齐白石、梅兰芳、尚小云、余叔岩均有深交，而和晚清学界闻人也有接触。政治界的人物袁世凯、张作霖与其有缘，后来和周恩来、陈毅的关系亦很不浅。在这个关系网里，他情之所系者，非世道功名，而是纯美的精神。我们读他的诗文，便可见其素朴生活里的非同寻常的一面。

因为不懂梨园的历史，我对此年谱的许多地方无从判断。但感动我的是作者的善心。靳飞写这部年谱，含着他的寄托。写此书，有他的情结。作者久在梨园，且广涉民间文艺，通京都旧俗，写起来就有会心之处，每每有惊人之思跳出。因崇仰而寻觅，为梦想而成诗，就没有了功利之心。似乎也与其生命的存在有关，说起来很有意思。作者青年时代便于京城文化老人交往，除梨园界外，出版界、作家圈子亦多忘年之交。但其用力最久的却是这部著作。我想，张伯驹之于靳飞，大概是鲁迅之于胡风，知堂之于废名，乃一种传统的延伸。靳飞是梨园界的名人，扮演的也像张伯驹当年的角色。比如他打造的中日版昆曲《牡丹亭》，引进日本的花道、香道，向日本推介胡文阁、谭正岩等名伶，均功不可没。而靳氏还醉心于旧的诗文，喜谈文物与历史掌故，均有民国文人的意思。张伯驹在许多方面，都是他的前导。谁说著书立说者，不是借着古人之镜而照着自己呢？

从这个意义上说，《年谱》不仅是一个历史人物的影像资料，重要的是一位后学寻梦的心影。我们在这里看到了两代人的对白，那是一种穿越时空的交流。有默契，有呼应，也有嗟叹。年谱的写作，以不动声色而让人泪下者，乃高明的文本。这固然有传主的魅力所在，也系编者的推演所致。我在此读出我们文明里最黯淡也最性灵的一页。才知道，过往的时光里，有诸多我所不识、不解的人物，而这些已经成了广陵散般的存在，不可复制了。想到此，便感到黯然，惆怅顿生。五四之后，学界把文学化为新旧两营，界限分明，不知道新中有旧，旧中含新，革命成功后文化理路越发单一了。靳飞是个复兴旧梦的人，其文字有追寻旧梦的渴念。这虽然不免有点堂吉诃德的样子，但他的大爱精神，就这样与张伯驹的遗产重叠在一起了。

2013年8月22日北京至西安之旅

（原载《随笔》2014 年第 1 期）

张伯驹词作简谱①

1898年　1岁（戊戌　光绪二十四年）

张伯驹，原名张家骐，字伯驹，号丛碧，后以字代名，改“丛碧”为字，号“好好先生”“春游主人”，自称“中州张伯驹”②。

2月12日（农历二月二十日），生于河南省项城市秣陵镇闫楼村。其生父张锦芳（字絅庵），为前清秀才，曾任度支部郎中，民国2年任众议院议员。

1903年　6岁（癸卯　光绪二十九年）

2月，过继给伯父张镇芳③，并离开项城到滦州省父，后随父移居天津南斜街。

---

① 本文所引用的张伯驹词作，均见《张伯驹词集》（文物出版社2008年版）。引用的词作，有副标题者，在词牌名后加间隔号；无副标题者，则在词牌名后空一格，并书第一句。

② 张伯驹编：《春游社琐谈　素月楼联语》，北京出版社1988年版，第359页。

③ 张镇芳，字馨庵，生于1863年，晚清时曾任长芦盐运使，直隶总督兼北洋大臣，1912—1914年任河南省都督兼民政长，后任中国北方盐业银行董事长，1933年去世。

1904年　7岁（甲辰　光绪三十年）

是年，开始在家中私塾上学，记忆力惊人，已能流畅背诵《增广贤文》。

1906年　9岁（丙午　光绪三十二年）

是年，学会作诗，其诗作被编入由张镇芳、马丽轩等组成的丽泽诗社所编的《丽泽社诸家诗》中（已无存）。曾于光绪年间任翰林院庶吉士的王新桢夸赞张伯驹诗说："伯驹，则絅庵之子，丽轩之甥也，英年挺出，直欲过前人。若《从军行》《天上谣》等作，激昂慷慨，魄力沈雄，有倚天拔地之概。虽老于诗者，未必能办。丽轩称其'素有大志，诗文皆豪迈可喜'，信然哉。"[①]可见少年时代的张伯驹已显露出韵文创作的天赋。

1911年　14岁（辛亥　宣统三年）

是年，就读于天津新学书院、政法学堂。

1917年　20岁（丁巳　民国6年）

是年，从中央陆军混成模范团毕业。从是年，至1925年，先后在曹锟、吴佩孚部参谋处任事，1923年曾任陕西省督军署参议兼驻京代表。1925年退出军界，同时，在张镇芳创办的盐业银行挂职常务董事兼总管理处总稽核。[②]

① 王新桢：《王新桢诗文集》，河南大学出版社1993年版，第174页。

② 张伯驹编：《春游社琐谈　素月楼联语》，北京出版社1988年版，第477页。

同年，已通读“二十四史”，能熟背《古文观止》，细说《资治通鉴》。

1925年 28岁（乙丑 民国14年）

冬，参加谭篆青发起成立的聊园词社，但所作不多。

是年，参加关赓林创立的稊园诗社。

1927年 30岁（丁卯 民国16年）

是年，作词《八声甘州·三十自寿》。这是张伯驹自辑第一部词集《丛碧词》中第一首词。词作上片有“秦关百二，悔觅封侯”句，表达对自己厕身官场、军队的悔恨；下片表达了对连年军阀混战的忧思，对政治的厌倦，同时表示有意追求风流恬淡的人生。

这首词展现了张伯驹早年作词的功力，在张伯驹一生词作史上具有重要的意义。

1928年 31岁（戊辰 民国17年）

是年至1933年，张伯驹致力于婉约词的学习与创作，题材主要是情爱和山水风景，具有代表性的词作有《蝶恋花 深掩云屏山六扇》《临江仙 帘影故家池馆》《思远人·和小山》《卜算子 落叶掩重门》等，特别是《蝶恋花 深掩云屏山六扇》，被行家评为“清妙自然”“可乱六一”[①]；《临江仙 帘影故家池馆》，被人赞之为“大有南唐之骨，北宋之神”，“置之小山词中，可乱楮叶”[②]。

---

① 任凤霞、迟秀才：《张伯驹和潘素》，吉林人民出版社1991年版，第243页。

② 任凤霞：《一代名士张伯驹》，当代中国出版社2006年版，第267页。

1930 年　33 岁（庚午　民国 19 年）

冬，与袁克文、溥侗同登开明戏院，义务演戏，卸装后，送袁克文至霭兰室，并赋词《踏莎行》。这是一首抒情词，以景抒情，意境凄惋，而又蕴含雄放之气。

1931 年　34 岁（辛未　民国 20 年）

3 月 22 日，袁克文猝然去世，张伯驹作挽联："天涯落拓，故园荒凉，有酒且高歌，谁怜旧日王孙，新亭涕泪；芳草凄迷，斜阳黯淡，逢春复伤逝，忍对无边风月，如此江山。"这是张伯驹首创挽联，已凸显其创作联语的天赋和风格。

1934 年　37 岁（甲戌　民国 23 年）

正月，作词《鹧鸪天　为惜疏香此小留》，自注云："甲戌正月下旬偕韵绮[①]，同西明，夜至无锡，借笼灯入梅园宿。次日冒雨登鼋头渚，望太湖，归谱此词。"

此类山水旅游词在张伯驹词作中特色鲜明，并显示出其描写自然风光的那种清新秀丽、风韵天然，语言流畅欢快，笔触细腻的风格。如《鹧鸪天·西湖旅夜》中有句"一阵阵，一声声，斜风细雨到天明，问人夜睡何曾着，燕子无须唤客醒"等。

---

① 韵绮是张伯驹 1921 年迎娶的第二位妻子，至 1932 年，他又先后迎娶了王韵缃和潘素。

1937年 40岁（丁丑 民国26年）

是年，住在北平。卢沟桥事变后，与郭啸麓、夏枝巢[①]、黄君坦、关颖人等加入词人郭则沄所结的蛰园律社及瓶花簃词社。

1938年 41岁（戊寅 民国27年）

是年，《丛碧词》刻印刊行，傅增湘题写书名，夏仁虎、郭则沄分别作序。

《丛碧词》是张伯驹一生前期词作的结集，集中反映了张伯驹词作的婉约风格，同时也是中国近现代词坛优秀词集之一，在中国近现代词坛上具有重要的意义。《丛碧词》奠定了张伯驹在中国近现代词坛上的地位。

1939年 42岁（已卯 民国28年）

是年前后一段时间，张伯驹在创作婉约词的同时，还创作了不少具有豪放风格的词，如《霓裳中序第一·西山赏雪归作》《浪淘沙·广州至汉口飞机上作》《六州歌头·登黄山天都峰绝顶》《满江红·题黄三君坦〈天风海涛楼图〉》《六州歌头·偕慧素登峨眉山绝顶》等，都体现了豪迈壮阔的词风。如《六州歌头·登黄山天都峰绝顶》有句“擎天拔地，声势走雷霆”，《满江红·题黄三君坦〈天风海涛楼图〉》有句“楼外天垂，遥望尽、齐烟九点”，《浪淘沙·广州至汉口飞机上作》有句“一镜空濛三万顷，飞过君山”。这些词作画面开阔，意境雄浑，笔力千钧，撼人心魄。

① 夏枝巢，即夏仁虎，字蔚如，号枝巢，中央文史研究馆馆员，于1963年7月7日去世。

1941 年　44 岁（辛巳　民国 30 年）

春，租居上海法租界亚尔培路培福里，遭汪伪“76 号”特务绑架，被拘 8 个月，经多方营救方脱险。

8 月 29 日[①]，在绑架期间赋词《菩萨蛮 · 辛巳七夕寄慧素》。

10 月 5 日，再赋词《菩萨蛮 · 中秋寄慧素》。

是月，又赋词《梦还家》，并注：“自度曲。难中卧病，见桂花一枝，始知深秋，感赋寄慧素。”

冬，赋词《虞美人》，并加注：“十一月下旬，雪，接慧素信，词以寄之。”

这 4 首词一反此前所作山水旅游词之优美欢快之风，倍见凄哀清婉之情。这 4 首词作，开辟了张伯驹一生词作的一个特殊题材，即此后张伯驹爱情词的绝大部分都是写给夫人潘素的。

1942 年　45 岁（辛巳　民国 31 年）

春，由北平赴西安居住。

1944 年　47 岁（甲申　民国 33 年）

是年，“张大千临摹敦煌壁画展”在成都开幕。张伯驹观看了画展，并与张大千同游武侯祠，作词《杨州慢 · 武侯祠》。这是张伯驹西安避祸期间一首重要的词作。词人此时最为关切的，就是国家抗战的命运，流露出深沉的爱国情怀。

---

① 这一日是农历七夕。

1946 年　49 岁（丙戌　民国 35 年）

是年，任华北文法学院文哲系教授。

同年至 1947 年，多次在家中举办古琴雅集和押诗条聚会。

1949 年　52 岁（乙丑）

是年，任燕京大学语文系中国艺术史名誉导师。

同年，作词《人月圆　分明镜里楼台影》《惜黄花　丹枫霜染》《霜花腴　上林盛事》。这 3 首词，均为中秋或重阳时作，大都即景抒情，或抒发对岁月易逝的感慨。此后，每遇传统节日，张伯驹大都有词作。

1950 年　53 岁（庚寅）

是年，以 5000 余元收得唐代诗人杜牧的《张好好诗》卷，为之狂喜，并填词《扬州慢·题杜牧之赠张好好诗墨迹卷》。这首词是张伯驹回首自身经历和感怀，自比杜牧，不禁落寞和悲凉之感涌上心头之作。

是年，于西郊住宅展春图园结庚寅词社[①]。

是年，开始与其他词人通信和词，并参与关赓麟组织的“稊园吟集”。

是年，作词《金缕曲·〈题庚寅词集图〉》，此词下片“江山几换谁为主”“看遍人间兴亡事”等句，反映了从旧时代走过来的知识分子在时代转变之际思想和情感一时的迷惘与不适应。

是年，标注为庚寅年间的词作还有《人月圆　相看座上须眉古》《南浦　长空黯淡》《鹧鸪天　两岁平分半送迎》等词。

---

① 该词社活动到 1957 年停止。见楼宇栋、郑重：《张伯驹画传》，文物出版社 2008 年版。

1951 年　54 岁（辛卯）

是年，《丛碧词》再以铅印本刊行，比 1938 年本有增补和修改。周汝昌为该版《丛碧词》作跋，给予极高评价："如以词人之词而论，则中国词史当以李后主为首，而以先生（指张伯驹）为殿——在他之后，恐怕不易再产生这种真正的词人之词了。"①

1952 年　55 岁（壬辰）

是年，经何香凝、郑振铎动员，以顾问身份到文化部工作。

1953 年　56 岁（癸巳）

2 月，作词《东风第一枝·和敏庵锦城除夕韵》（敏庵即周汝昌），此词为和周汝昌是年春节前夕的赠词《东风第一枝》。

秋，与夫人潘素客居青岛，作词《望海潮·青岛台风过后观潮》《海天阔处·青岛海水浴场》《五福降中天·青岛公园五福楼茗话》。青岛风景在其笔下美不胜收，特别是《望海潮·青岛台风过后观潮》一词气势雄浑，囊括万象，是词人豪放风格的名篇，如"鲸波吞日，蛟涎吹雾，滔天势欲横流。鼍鼓地摇，神旗电闪，萧萧万马惊秋。飞雨卷齐州。看黑风水立，白浪山浮"等语皆殊为难得。不久张伯驹又有一联写崂山："迎来海外三千履；望尽齐州九点烟。"

1954 年　57 岁（甲午）

春，为周汝昌《红楼梦新证》出版填词《潇湘夜雨》。

---

① 周汝昌：《我与胡适先生》，漓江出版社 2005 年版，第 208 页。

夏，作词《瑶华》，自注云：“承泽园将易主，时荷花盛开，邀词集同人欣赏。”

是年，标注“甲午”年所作词有《风入松　乱山如恨不能平》《人月圆　恒河沙数星辰绕》等数首。没有标注年月但可能是是年所作或此前所作之词则有数十首。

是年，任北京市政协委员。

是年，将其 1927 年至 1954 年间的词再次集为《丛碧词》，后收入《张伯驹词集》中，有 150 余首。

此后至 1961 年，张伯驹经历了工商业社会主义改造，批判俞平伯、批判胡风运动，反右派斗争等一系列政治运动和三年困难时期，基本中断词作。

1957 年　60 岁（丁酉）

是年，与章士钊、叶恭绰致书周恩来总理，对古典诗歌的创作和研究提出看法，倡议成立北京韵文学会。此倡议得到了周恩来的关注和肯定，但因反右派斗争开展，遂告中止。

1958 年　61 岁（戊戌）

是年，被北京市戏剧界整风联合办公室定为“右派分子”，按四类处理，撤销其京剧基本艺术研究社副主任、北京市政协委员等职务。

1961 年　64 岁（辛丑）

9 月 24 日，作词《人月圆 · 辛丑中秋独赏月》两首。从此，恢复中断了将近 6 年的词作生涯。

10月中旬，吉林省艺术专科学校邀夫人潘素赴该校讲授国画，张伯驹随行。

10月下旬，将赴吉林省长春市，作词《浣溪沙·将有鸡塞之行，题〈秋风别意图〉》4首，反映了词人无可奈何、依依不舍、背乡离井的复杂心境。

11月，任吉林省博物馆副研究员。

是年，撰写《素月楼联语》，并作《自序》。

同年，完成《丛碧词话》的写作。《丛碧词话》是张伯驹论词的一部重要著作，是其一生读词、习词的心得。著名词家周笃文曾评价这部书，认为《丛碧词话》是“一部妙语如珠，取重当代的力作。”[①]

1962年　65岁（壬寅）

1月，作词《定风波·和正刚纪梦词，为辛丑除夕预作》，有句“红日鸡声天下放，催唱，回头万事似秋霜”，对往日沉浮经历颇多感慨。

2月4日，作词《定风波·辛丑除夕，与诸词友守岁》。

2月19日，作词《临江仙·壬寅元宵和正刚[②]》，有句“残春愁里过，细雨梦中遥”。

2月，由民盟北京市委宣布摘掉“右派帽子”。

5月，任吉林省博物馆副馆长（主持工作）。

11月，填词《鹧鸪天·壬寅冬初，独立吉林松花江上看雪》。

是年，两次去辑安，并作词《高阳台·辑安怀古》。

同年，作词《六州歌头·长白山》，发语不凡：“昆仑一脉，迤逦

① 周笃文：《艺林呵护人——张伯驹先生琐忆》，见项城市政协编：《张伯驹先生追思集》，紫禁城出版社2011年版，第257页。

② 正刚，即孙正刚，宋词专家。

走游龙。承天柱，连地首，势凌空，耸重重。”此词亦是词人豪放词中一篇力作。

1963年　66岁（癸卯）

1月24日，作词《鹧鸪天·壬寅除夕》。

4月5日，作词《浣溪沙·癸卯清明》。

4月，作词《燕山亭·长春客邸见杏花。和道君》。

春，作词《蝶恋花》6首，“小雨一犁风五两”句，语极新颖；亦有“眼看花枝花渐少，可怜人比花先老”“空欲怜花花里住，那知花落人无主”句，流露出人生无定、人生如梦，人生如花易逝之概。

7月，作词《渡江云·挽夏枝巢词人，和钟美》。①

9月，作词《玲珑玉·挽黄娄生②同社，和钟美》。

10月2日，作词《人月圆·癸卯中秋》。

10月25日，作词《满庭芳·癸卯重阳，和钟美》。

10月，作词《飞雪满群山》，自注云“癸卯中秋前后，长春降雪，与钟美赋秋雪词”。

12月31日，作词《探芳信·新岁除夕③》。

是年，与福建南平漳湖陈守治④取得联系，并在陈守治主编的《乐观词坛》上发表“春游词”。

① 钟美，即萧劳，字钟美，1986年被聘为中央文史研究馆馆员。

② 黄娄生，诗人、中央文史研究馆馆员。1963年9月3日去世。

③ 新岁除夕，应为1963年12月31日，此后不久，张伯驹又有“癸卯除夕”词作。

④ 陈守治（1879—1990），号乐观客，笔名陈瘦愚，福建南平人，福建文史研究馆馆员，致力于古典诗词研究和词的创作，提倡词学革新，主张在“婉约”“豪放”外另立“平易”一格。

是年，没有标注时间，但可能为此年所作之词，被集入《春游词》中10余首。

1964年　67岁（甲辰）

1月1日，作词《庆宫春·甲辰[①]元旦，和清真》中有“日月依然，江山无恙，白头羞对春城”句，流露出岁月蹉跎和乡愁的情思。

2月12日，作词《鹧鸪天·癸卯除夕》。

春，作词《鹧鸪天·和玉谷[②]》、《眼儿媚·柬玉谷》《鹧鸪天·和玉谷，效其体》等，词中“桃雨细，柳烟斜”“心淡淡，意迢迢”句，绘景自然、细腻，语言婉约、优美，节奏明快。

4月，作词《浣溪沙》7首，词中“伤别伤春又一年，落花飘絮尚依然。东风无奈鬓毛斑”句，流露出漂泊在关外无奈的思乡之情。

5月，作词《高阳台·中国登山队登上希夏邦马峰绝顶，和玉谷》[③]，词中“看今朝、人在高峰，人是高峰”句，语气豪迈且富哲理。

6月14日，作词《清平乐·甲辰端午》。

8月14日，作词《风入松·七夕》《鹊桥仙·七夕和淮海》。

夏，回北京一个月，作词《浣溪沙·回京》7首，第一首云：“小巷依稀认旧门，蛛丝縈槛案堆尘。萧萧梧竹易黄昏。　风扫壁琴弦断轸，泥封厨瓮酒空尊。不知客是主人身。”流露出回到故居的伤感，情意哀婉。

9月，回到长春，作词《人月圆》4首。

---

① 甲辰为农历，元旦一般指公历每年的1月1日。作者在此混用，估计应为1964年1月1日。

② 玉谷，即陈器伯，字玉谷。

③ 1964年5月2日，中国登山队登上希夏邦马峰绝顶。

10 月 14 日，作词《金缕曲 · 甲辰重九，和刘后村[①]》。

冬，回北京过春节，作词《浣溪沙》，自注云："去腊病梅复活，盛开，词以张之"。

是年，未注明日期，但可能为此年所作之词 50 余首，集入《春游词》。

1965 年　68 岁（乙巳）

2 月 1 日，作词《鹧鸪天 · 甲辰除夕》4 首。并作词《高阳台 · 和机峰、梦碧、牧石，甲辰除夕》[②]。

2 月 15 日，作词《瑶花 · 和钟美元宵前夕欲雪》。

2 月 16 日，作词《月下笛 · 和钟美元宵雪》。

3 月 14 日，作词《一萼红 · 花朝[③]，和白石》。

8 月 3 日，作词《鹊桥仙 · 和山谷[④]》。

8 月，作词《鹧鸪天》，自注云："梦中得天韵一联，醒后不知所谓，因思用以咏桂颇得其神，是成此词。"有人说，张伯驹夤夜乍醒，外出归来，张口即可成诗。由此词可知。

9 月 10 日，作词《水调歌头 · 乙巳中秋寄钟美北京》5 首，借月之盈亏，感叹人世沉浮不定。

9 月 26 日，作词《人月圆》，自注云："重阳前七日，忽夜梦观武则天画花卉卷子，白花绿叶，月白色帛上钤两玺文，为其所造字，不

---

① 刘后村（1181—1269），刘克庄，号后村，今福建莆田人，南宋豪放派诗人、词人、诗论家。

② 机峰（陈机峰）、梦碧（寇梦碧）、牧石（张牧石）均为天津著名词人。

③ 花朝，即花朝节，每年农历二月二十日。

④ 山谷，黄庭坚，字鲁直，号山谷道人。

尽识，醒后为此词。”

10 月 4 日，作词《金缕曲 · 寿钟美兄七十》。

是年，所作之词未注日期，而收入《春游词》者，有 30 余首。

是年，将 1961—1965 年间词作集为《春游词》。这一时期的词，是张伯驹词作中最为优秀、最为成熟的词作：其词由早期的优雅、轻灵、婉约，逐步过渡形成了悲苦、浓郁、韵味悠长的词风。更重要的是，其抑郁、哀婉的思乡之情，通过艺术的表达，已成了代表人们共有的艺术化的体验，具有普遍的感染力。因而，《春游词》是张伯驹一生词作中极为重要的一部词集。

1966 年　69 岁（丙午）

1 月 20 日，作词《鹧鸪天 · 乙巳除夕》，这首词作于 1966 年初，从此年到 1969 年底，因受“文化大革命”的影响，张伯驹基本没有词作。

8 月 27 日，吉林省“造反派”群众在长春市体育馆开会斗争省文化局书记金树然，张伯驹以“封建主义的残渣余孽”身份陪斗。

1967 年　70 岁（丁未）

1 月，被撤销吉林省博物馆副馆长职务。

2 月 8 日，作词《鹧鸪天·丙午除夕》两首，有句“泡影电光七十年，回头万事梦中看。余生身似难回水，已死心如不动山。”“文化大革命”的乱象，已使张伯驹对社会、对自身前途失去了信心。因此，这两首词被认为是反动诗词，受到批判。

是年，出于对林彪、江青反革命集团的愤慨，写下《金缕曲》词，“池鱼殃及城门火，更娥姁，牝雉钟室，居心测叵”句，明显是讽刺江青干政。因此，被视为“现行反革命”，再次受到批斗。

1970 年　73 岁（庚戌）

3 月，与夫人潘素被遣送舒兰县朝阳公社双安大队插队落户，但当地拒收。数日后，夫妇返回北京，成了“无户口、无工作、无住处”的“三无人员”。

春，作词《浣溪沙》4 首，有句“回首春游梦一场”，自注云：“伯弓（即裘伯弓）乞休，将卜居宜昌，赠诗为别。余亦作去计，或流寓关中，赋此为答。”以此词为始，张伯驹又恢复了中断 4 年的词作生涯。

6 月，作词《苏幕遮》，自注云：“将去西安女儿家度岁，君坦[①]赠词为慰，答和。”

7 月，到西安暂住女儿张传綵家。

夏，作词《小秦王》4 首，分咏“春日菊花”“夏日芍药”“秋日海棠”“冬日牡丹”[②]；再用词牌《小秦王》作词 9 首，分咏“北海山桃”“颐和园后山杏花”等 9 种花卉。由此可见，无花不能入伯驹词笔。咏花词，已成为张伯驹词作的重要题材。

9 月 15 日，作词《水调歌头 · 庚戌中秋晚登雁塔看月出》。

秋，作词《惜红衣 · 重至西安，和白石》，有抑郁难平之气。

11 月 8 日，作词《临江仙·庚戌立冬》，再作词《鹧鸪天》，并自注云：“立冬，前词意有未尽，再赋此阕。”此词“虫入蛰，雁归群，北风大地冻黄尘。绨袍赖有冬暄赠，不信一寒是弃人”句，有感于自身处境，

---

① 君坦，即黄君坦，1961 年被聘为中央文史研究馆馆员。

② 此前，已用词牌《小秦王》作词 21 首，并自注云：“题与潘素合画梦华图。”21 首词分咏红梅、腊梅、白梅、绿萼梅、素心兰等 10 余种花卉和石头。见张伯驹：《张伯驹词集》，文物出版社 2008 年版。

语气悲愤。

12月7日，作词《渭城曲》两首，并作《一剪梅·庚戌大雪节无雪》，此词“何处天涯，到处天涯。空枝绕树似寒鸦，道是归家，还是无家”句，反映了词人晚年流落无依，只能暂到女儿家度日的悲凉心境。

是年，到西安后，重游雁塔、灞桥、华清池，登骊山，游秦始皇陵，均有词作，计有《鹧鸪天·雁塔》《小秦王·灞桥》《浣溪沙·华清池》《鹧鸪天·过曲江》等近20首。

是年，未注日期，但可能是此年所作之词30余首，集入《秦游词》。

1971年 74岁（辛亥）

1月26日，作词《鹧鸪天·庚戌除夕长安守岁》3首。

2月5日，作词《鹧鸪天》自注云：“立春后一日雁塔看雪，即于是日飞雪中归京”。

2月10日，作词《鹧鸪天·辛亥元宵为潘素生日赋》《人月圆·辛亥元宵再赋》。

3月，作词《浪淘沙》，自注云：“院内迎春一株盛开，因效花间体赋此。”

4月，作词《虞美人》，自注云：“辛亥清明后，与君坦进颐和园，看玉兰、杏花，钟美不至。”

夏，作词《小秦王》5首，自注云：“连日酷热，以诵佛消暑，答和君坦。”5首词中的“半世浮生浪打萍，一时冷热付天听”“身外但寻干净土，人间何处不他乡”等句，反映了词人历经磨难，对世事无解无奈，又只身漂流的感慨和苦闷，只好靠佛教“世事皆空”的思想来解脱自己、安慰自己。从此，词人晚年的词作多有佛教思想的影子，开启了词人疏放通达的词风。

8 月 27 日，作词《鹊桥仙·辛亥七夕和淮海》《点绛唇·七夕和君坦》。

10 月 3 日，作词《人月圆·辛亥中秋》3 首，《相见欢》1 首。

10 月 26 日，致信周恩来，托章士钊转，请求解决其在北京工作和户口问题。

10 月 27 日，作词《朝中措·和牧石辛亥重阳》两首。

11 月 24 日，章士钊致信周恩来，提议聘张伯驹为中央文史研究馆馆员，并转张伯驹信。

12 月 9 日，周恩来批示，要求具体研究聘任张伯驹为中央文史研究馆馆员一事。

冬，作词《临江仙》《减字木花》《渡江云》。

是年，没有标注日期，但可能是此年所作之词 20 余首，收集入《秦游词》。

1972 年　75 岁（壬子）

1 月 6 日，陈毅逝世，张伯驹托秦力生转自己为陈毅撰写的挽联："仗剑从云作干城，忠心不易，军声在淮海，遗爱在江南，万庶尽衔哀。回望大好河山，永离赤县。　挥戈挽日接尊俎，豪气犹存。无愧于平生，有功于天下，九原应含笑。伫看重新世界，遍树红旗。"这一挽联气壮山河、笔力千钧，在社会各界影响极大。

1 月 21 日，收到中央文史研究馆的聘书，成为中央文史研究馆馆员。

2 月 14 日，作词《鹧鸪天·辛亥除夕》两首，词中有句"梅蕊绽，柳枝舒，故吾镜里看新吾。眼前无限春光好，又写人间一画图。”此词反映了词人被聘为中央文史研究馆馆员以后的心情，又涌起了对未来生活的信心。

2月25日，作词《浣溪沙》，自注云：“正月十一日大雪，晨起河边踏雪诵佛。”词中有句“天地与心同一白，乾坤著我并双清。万花飞散打身轻”。此词反映了词人陶醉于大自然纯洁至美的境界中，也是词人晚年旷达人生态度的表白。

2月29日，作词《小秦王》4首，自注云：“壬子上元潘素生日，于西郊同饮赋。”

春，到天津，与寇梦碧、张牧石在故李氏园看海棠，并作词《浣溪沙》4首。此后数年，每逢春日，必去天津看海棠并有词作。

9月22日，作词《人月圆·壬子中秋在天津》。

10月15—20日，作词《鹧鸪天·壬子重阳未作山游》《临江仙·重九后同君坦、牧石看红叶，和君坦韵》。

秋，作词《杨柳枝》43首。

1970年至此年所作之词均集入《秦游词》。此词集是词人由中期词作向晚期词作过渡的一部词集。其一生“山穷水尽”的窘境和“柳暗花明”的转折就在此一时期，其词风也由哀婉凄美向轻松疏放转变。

1973年　76岁（癸丑）

1月5—10日，作词《西子妆慢》，自注云：“壬子小寒后，过天津南斜街童时旧居感赋。”

2月2日，作词《鹧鸪天·壬子除夕》。

2月17日，作词《人月圆·癸丑元宵。时患目疾》。

4月，作词《鹧鸪天·天津金刚桥花园对海棠》。

是月，在天津旧总督署公园看海棠，作词《小秦王》4首。

夏，作词《小秦王·题萧斋〈牵牛花馆图〉》20首。

9月11日，作词《人月圆·癸丑中秋，昼晴夜阴，不见月》3首。

10月23日，作词《浣溪沙·癸丑重阳独登陶然亭》两首。

12月22日，作词《鹧鸪天·癸丑冬至》。

冬，作词《小秦王》10首。

是年，未注日期，但可能是此年之作集入《雾中词》者约25首。

是年，将1973年的词作集为《雾中词》，此词集和《秦游词》可称为词人晚年词作的代表，展现了词人晚年淡泊疏放的情怀。在艺术风格上，则主要是自然旷放，语言毫无斧凿痕迹，天然随意。

1974年　77岁（甲寅）

2月6日，作词《人月圆》，自注云："甲寅元宵，室人潘素六十寿，赋此为祝。"

3月，作词《小秦王·甲寅春，预作看花杂咏》，再作词《小秦王》20首，分咏"动物园""颐和园""鹫峰""杏花""玉兰"及其他杂感等。

春，作词《小秦王·和君坦。对牡丹作》44首。

4月21日，作词《小秦王》9首，自注云："甲寅谷雨后，寄卢牡丹开六十余朵，招友小饮赏花。"

5月，作词《小秦王》："耳际蝉声换世声，风来荷气入心清。浮生半日如千日，应是忘情太上情。"这一年，张伯驹词作多是咏花词及生活随感，反映了词人老来安然、闲逸的生活和沉醉于自然环境中的疏放心态。

6 月 23 日，作词《小秦王 · 甲寅夏至后一日》4 首。

6 月，再作词《小秦王 · 甲寅夏至后，花蔬八咏》，分咏牵牛花、凤仙花、苋菜、马铃薯、蘑菇等。这几首词所咏对象，基本上都是人们琐碎日常生活中“熟视无感”的小题材，可以说是词人创造了一个词作的新领域，也体现了词人的关注相当细微，打破了菜蔬难入古典诗词纯艺术范围的“框框”。

9 月，中秋节前后断续作词《人月圆》7 首，有月时咏，无月时也咏。“团圆但见清辉满，不必在中秋”句，反映了词人乐观旷达的胸怀。

是年，张伯驹曾去西安治疗白内障，病愈后返回北京，一去一回的途中，作词《小秦王·入晋至秦》10 首，分咏太原、介休、临汾等；《小秦王 · 经豫回京》8 首，分咏洛阳、郑州、安阳等。

是年，未注日期，但可能是此年所作之词 100 余首，故此年所作词 200 余首，集为《无名词》。

是年，张伯驹词作的特点显示出其词境的日常化与生活化，写词就像写日记，所思所想，所见所闻，赏花、记游，与词人小聚，和词人之词，随感随发，发而成词，有时则用同一词牌，一气呵成数十首词。如此词作才力，确为词坛罕有。

是年，白内障初愈，因回忆自 7 岁以来，所观乱弹昆曲和其他地方戏，并戏曲之逸闻故事，陆续写七绝 177 首，更补绝句 22 首，集为《红毹纪梦诗注》。

1975 年　78 岁（乙卯）

2 月 10 日，作词《鹧鸪天 · 甲寅除夕》两首，“往事回头一叹嗟，梦中已尽笔生花”句，透出词人感慨一生蹉跎，意欲封笔之念。

2月12日，作词《满江红·和正刚以余生日问疾词》。

2月，作词《瑞鹧鸪·和正刚》3首。

4月5日，作词《小秦王》4首，自注云："乙卯清明，偕潘素同笃文、李今游大觉寺。"

春，作词《小秦王·乙卯春，天津故李氏园看海棠》。

5—6月，参加国务院组织的中央文史研究馆馆员参观天津、河南活动，并作《天津参观纪事诗》16首、《河南参观纪事诗》43首。

8月13日，作词《鹊桥仙·和君坦乙卯七夕阅〈长生殿〉曲本》。

9月20日，作词《虞美人·和君坦乙卯中秋》。

10月13日，作词《念奴娇·和正刚乙卯重阳》。

10月，作词《鹧鸪天·和坦君重阳，倒押"楼"字韵，腹联限嵌古人名》4首。

秋，作词《浣溪沙》两首，自注云："乙卯八月晦日，往访西郊正白旗传为曹雪芹故居……"

11月8日，作词《临江仙》，自注云："立冬日，董意适邀游黑龙潭看红叶，并访白家疃传说曹雪芹故居。"

12月9日，作词《忆王孙》自注云："大雪节前夜初雪，晨晴，和君坦。"

是年，未注日期，但应是此年所作之词近70首。

是年所作词集为《断续词》。这是张伯驹一生词作的最后一部词集。

1976年　79岁（丙辰）

2月13日，写信给夏承焘先生，倡议恢复"打诗钟"这一传统文化活动，并赠夏老词《满江红》（平韵）。

冬，收到杭州周采泉寄水仙两株，填词《金缕曲》致谢。

是年，与夏承焘、周汝昌等13名老少词友聚会香山并合影。

1978年　81岁（戊午）

3月，吉林省委宣传部为张伯驹所谓“攻击江青”一事平反。

4月，约徐邦达、朱家溍等为周汝昌祝寿，并作词《八声甘州》。

春，到天津观海棠，正逢张牧石51岁生日，即作词《卜算子》，为其庆生。

是年，向上海古籍出版社寄出此年所著《续洪宪纪事诗补注》书稿；同时，其著《红毹纪梦诗注》由香港中华书局出版。

同年，整理写作《唐五代宋元明清词选集评》。

1979年　82岁（己未）

3月，中共北京市委文化出版部对其右派问题作出改正决定。

1980年　83岁（庚申）

10月，与夏承焘、周汝昌联名致信文化部部长黄镇，倡议成立“中国韵文学会”[①]。

冬，为谢稚柳《西湖小景》题记并赋诗。

是年，受聘为北京市戏曲研究所顾问。

① 此会后于1984年在长沙成立。

1981 年　84 岁（辛酉）

2 月 19 日（农历正月十五日），参加民革和中山书画社集会，即席填词《浣溪沙》，表示对祖国统一的渴望。

7 月，会见施蛰存先生，并接受其聘，任《词学》编委。

11 月，所著《丛碧词话》在《词学》第一辑上发表。

1982 年　85 岁（壬戌）

2 月 8 日，因感冒住院，后转成肺炎。

2 月 25 日，85 岁寿辰，在医院接见张大千孙子张晓鹰，拍照留影，并作七律 1 首、词 1 首，赠张大千。对自己一生作了回顾，并深切表达了对祖国统一的关切之情。

2 月 26 日，病逝于北京大学医院。

（原载《中国韵文学刊》2019 年第 4 期，此处有删改）